F. Brümmer / D. Andres-Brümmer
Schnorcheln
im Mittelmeer

F. Brümmer / D. Andres-Brümmer

Schnorcheln
im Mittelmeer

**Spanien · Frankreich · Italien
Kroatien · Griechenland
Türkei**

Delius Klasing

EDITION NAGLSCHMID

Die Deutsche Bibliothek – CIP-Einheitsaufnahme

Brümmer, Franz:
Schnorcheln im Mittelmeer / F. Brümmer / D. Andres Brümmer. –
Bielefeld: Delius Klasing; Stuttgart: Ed. Naglschmid, 1998
ISBN 3-89594-067-4

ISBN 3-89594-067-4
© Copyright 1998 by Verlag Stephanie Naglschmid
Rotebühlstraße 87a, 70178 Stuttgart
Herausgeber: Dr. Friedrich Naglschmid
Umschlaggestaltung: Buchholz/Hinsch/Hensinger, Hamburg
Innenlayout: Dr. F. Naglschmid, Stuttgart
Bildnachweis: Umschlagfotos und Fotos im Inhalt: Dr. Brümmer, Franz
außer: Dr. Naglschmid, Friedrich: 8 o, u, 10, 12 o, 13 o, m, u, 16, 17, 18 rechts, links,
19 rechts, 20, 21, 22, 34 o, 37 o, m, 47, 49 u, 52 o, m, 58 m, u, 63, 71, 74 rechts, links o,
75 u, 76 links u, 77 rechts o, 79 links o, rechts o, 80 rechts o, 81 links o, rechts o,
82 links u, rechts u, 83 links u, rechts o, 88 links o, u, rechts o, u, 89, 93 links o,
96 links u, m links, rechts u, 97 rechts o, rechts m, 100 links o
Fülle, Horst: 55 m
Peter, Günther: 90
Dr. Bergbauer, Matthias: 15, 19 links
Hirschel, Kurt: 37 u, 49 o, 73 links o, u
Grafiken: Naglschmid, Stephanie außer
Engel, Gabriele: 40, 43
Koch, Isabel: 104, 105
Textbeitrag (Seite 103 – 105) von Koch, Isabel
Druck: Kunst- und Werbedruck, Bad Oeynhausen
Printed in Germany 1998

Inhaltsverzeichnis

Übersicht über die wichtigsten Pflanzen- und Tiergruppen

Ein „typischer Schnorchelgang"

Fische erkennen beim Schnorcheln   103

Probleme des Mittelmeeres

Vorwort

Maske, Schnorchel und Flossen gehören heute für viele Strand- und Meeresurlauber schon fast zu den selbstverständlichen Urlaubsutensilien. Freunde, Bekannte, die eigenen Kinder, Nachbarn in den Ferien oder einfach andere Strandbesucher – es gibt keinen Strand und keine Bucht, in deren Gewässern nicht geschnorchelt wird. Und es gibt nahezu keine Bucht und keinen Strand – vorausgesetzt die Sicherheitsbestimmungen können eingehalten werden –, die nicht zum Schnorcheln geeignet wären.

Immer und überall gibt es Neues zu entdecken, Bekanntem wieder zu begegnen. Darum soll dieses Buch nicht lokale Buchten und Strände beschreiben, sondern die Möglichkeiten, die man rund ums Mittelmeer hat.

Schnorcheln gehört zu den schönsten und billigsten Freizeitvergnügen. Es ist eine natursportliche Aktivität, die jeden Aufenthalt an einem Gewässer zu einem großartigen Erlebnis macht. Vereinfacht läßt sich sagen, wer schwimmen kann, kann auch das Schnorcheln erlernen. Ob jung oder alt, mit der Familie oder im Freundeskreis, diesem Naturerlebnis sind hier kaum Grenzen gesetzt. Jeder und jede kann mitmachen und die Welt unter Wasser in ihrer ganzen Formen- und Farbenvielfalt kennenlernen. Mit zunehmender Aktivität wachsen zwar die Kenntnisse und Einsichten, aber jeder Schnorchelgang ist ein neues kleines Abenteuer mit neuen Eindrücken, neuen Tieren und Pflanzen und neuen spannenden Beobachtungen. Selbst im Strandtrubel der Hochsaison lassen sich nur wenige Meter vom Ufer entfernt Fische, Garnelen und Krebse in ihrem natürlichen Lebensraum beobachten und in ihren Fähigkeiten bestaunen.

Für uns Europäer ist das nächste wärmere Meer das Mittelmeer, das auch zum Hauptzielgebiet des europäischen Tourismus wurde.

„Schnorcheln im Mittelmeer" möchte Sie in die faszinierende Welt unter Wasser einführen und Ihnen zeigen, was Sie bei Ihren Schnorchelausflügen in die lichtdurchfluteten mediterranen Küstengewässer alles erleben und beobachten können. Dieses Buch vermittelt Ihnen aber auch die Regeln und Grundlagen für sicheres Schnorcheln und gibt Ihnen Tips und Anregungen, damit Ihr Aufenthalt am Meer zum gekonnten Urlaubsvergnügen wird.

Stuttgart, März 1998

Dr. Friedrich Naglschmid

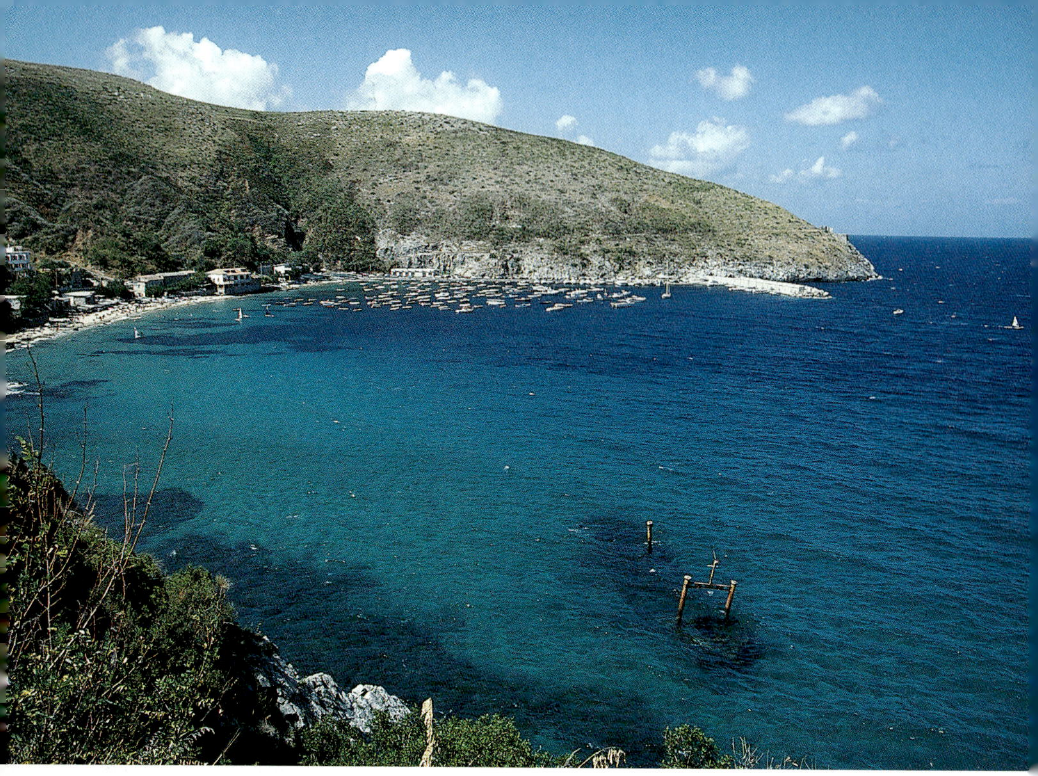

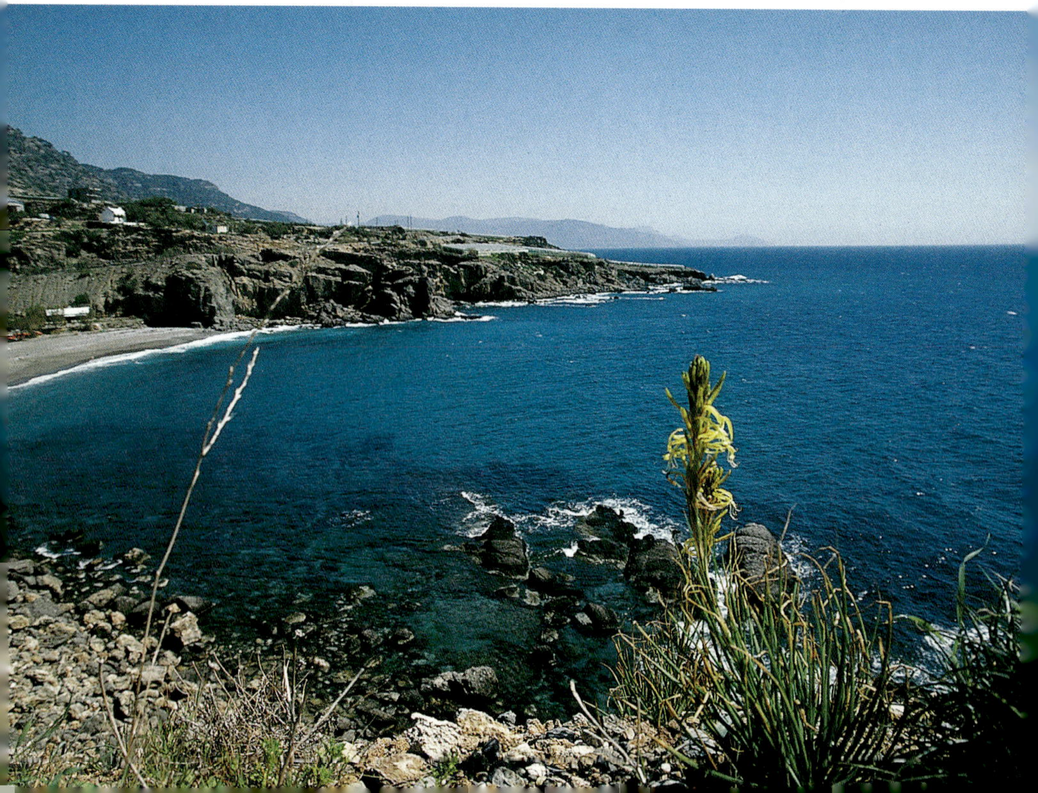

Einleitung

Luftanhalten und Abtauchen, das Leben unter Wasser mit seinen vielen Facetten bestaunen. Natürlich ist es für uns Menschen nicht ganz so leicht, in diese fremde Welt vorzudringen – schließlich sind wir für ein Leben an Land geschaffen –, aber lohnenswert ist es auf jeden Fall.

Seit Jahrtausenden interessieren sich die Menschen bereits für das Leben im Meer, und genauso lange probieren sie auch schon die verschiedensten Methoden aus, um hinabzutauchen in Neptuns Reich.

Schon in der Antike trieb, wie uns Homer aus dem 9. Jahrhundert v. Chr. berichtet, das wirtschaftliche Interesse die Menschen in die Tiefe. Bereits damals existierte eine regelrechte Berufstaucherei nach Korallen, Schwämmen und Muscheln. Am eindrucksvollsten sind dabei die Schwammfischer beschrieben, die sich mit einem Stein und einer Sichel bewaffnet an einem Seil in die Tiefe stürzten. Der Mund voll Olivenöl ersetzte ihnen die noch nicht erfundene Tauchermaske, denn in der Tiefe angekommen, entließen sie etwas Öl aus dem Mund und verbesserten so kurzfristig die Sicht unter Wasser. Nach einer kurzen Zeit der Schwammernte wurden sie dann am Seil wieder hochgezogen.

In Japan hat sich die Tradition, „apnoe" (also durch Luftanhalten) professionell zu tauchen, über die letzten zweitausend Jahre gehalten. Noch heute tauchen dort die berühmten Nakaisodo- oder Koisodo-Taucherinnen zur Algenernte mehrere Meter in die Tiefe. Nicht minder berühmt sind die Perlentaucher Polynesiens, die auf ihrer Suche nach Muscheln ohne weiteres bis auf dreißig Meter Tiefe tauchen.

In den Bereich dieser professionellen Taucher, wie in den Bereich derer, die sich aus wissenschaftlichem oder privatem Interesse die Tiere und Pflanzen des Meeres näher betrachten wollen, hat natürlich längst das Tauchen mit Atemgeräten Einzug gehalten. Dieses erfordert jedoch nicht nur das notwendige Knowhow, sondern auch einen nicht unerheblichen technischen Aufwand.

Doch auch mit erheblich weniger Aufwand und ohne das Können polynesischer Perlentaucher kann jedermann erstaunlich viel von der Unterwasserwelt seines Urlaubsortes entdecken. Mit Maske, Schnorchel und Flossen, ein wenig Übung und dem Blick fürs Detail kann das Schnorcheltauchen zum Urlaubserlebnis für die ganze Familie werden.

Diese Buch soll Ihnen dazu Anleitung und Ratgeber sein.

Stuttgart, März 1998

Franz Brümmer und
Dagmar Andres-Brümmer

Zwei ideale Buchten zum Schnorcheln. Das obere Bild zeigt die Bucht von Palinuro in Süditalien, in der als zusätzlicher Reiz noch ein kleines Wrack liegt. Abwechslungsreiche Schnorchelgründe mit Steilküste, Sandboden, Geröll und außen vorgelagerten Seegraswiesen bietet diese Bucht auf Kreta.
Vielfach lassen sich gute Schnorchelgründe schon von den Küstenstraßen aus ermitteln. Seegraswiesen bilden dabei innerhalb von Sandbuchten deutlich erkennbare dunkelgrüne Felder aus.

9

Die richtige Ausrüstung

Die Grundausrüstung zum Schnorcheln ist die sogenannte ABC-Ausrüstung, bestehend aus Maske, Schnorchel und Flossen. Wie zu erwarten, gibt es hier bei der Vielzahl der angebotenen Modelle erhebliche qualitative und preisliche Unterschiede. Doch ganz gleich, ob Sie sich entscheiden, eine hochwertige Ausrüstung im Fachgeschäft zu kaufen oder dem billigen Kinderschnorchelset aus dem Kaufhaus oder dem Souvenirladen am Strand den Vorzug geben, Sie sollten wissen, worauf Sie achten müssen.

Die Maske

Mit der Maske ist es wie mit einem Paar Schuhe: Sie muß ihrem Besitzer passen, sonst wird man wenig Freude damit haben. Das heißt, man muß sie vor dem Kauf anprobieren, denn eine zu große Maske wird ständig voll Wasser laufen. Zu diesem Zweck setzt man die Maske auf das Gesicht, ohne das Halteband anzulegen. Atmet man nun durch die Nase ein und hält die Luft an, so muß der Unterdruck die Maske am Gesicht halten, sie darf nicht herunterfallen.
Am Maskenband wird schließlich der optimale Sitz der Maske am Kopf eingestellt, wobei die Maske nicht zu stramm sitzen darf. Ein besonders bei längeren Haaren bequemes Zusatzteil ist ein Maskenband aus Neopren.

Edelkorallen

Verschiedene gebräuchliche Maskentypen

Es gibt die verschiedensten Arten von Masken, und ob man eine dunkle oder helle mit großen oder kleinen Gläsern bevorzugt, ist ein Stück weit Geschmackssache. Masken aus hellem oder transparentem Silikon sind für die meisten Leute jedoch angenehmer zu tragen,

Tempered

Sicherheits- und Qualitätsstempel

da sie nicht den Tunneleffekt einer schwarzen Maske hervorrufen. Die Frage nach dem Volumen der Maske ist für Schnorcheltaucher nicht ganz so relevant wie für Gerätetaucher, da die wenigsten Urlaubsschnorchler ihre Maske unter Wasser ausblasen werden. Aus Sicherheitsgründen ist jedoch darauf zu achten, daß das Glas aus hochtemperiertem, bruchsicherem Sicherheitsglas besteht (gerade bei den billigen Kinderschnorchelsets meist nicht der Fall) und daß die Maske über einen Nasenerker verfügt, um einen Druckausgleich durchführen zu können.

Die Maske selbst kann aus Gummi oder Silikon bestehen, wobei letzteres zwar teurer, dafür aber wesentlich UV-resistenter und damit haltbarer ist.

Vor dem ersten Benutzen sollte die Maske mit Spülmittel ausgerieben werden, um so die Reste des Ausformmittels zu entfernen und ein Beschlagen des Glases zu verhindern. Vor jeder weiteren Benutzung wird die Maske mit Spucke ausgerieben und kurz ausgespült, um ein Beschlagen zu vermeiden.

Masken für Brillenträger

Bei Fehlsichtigkeit gibt es verschiedene Möglichkeiten, diese beim Schnorcheln auszugleichen.

Für Kontaktlinsenträger besteht die Möglichkeit, die Linsen ganz normal in der Maske zu tragen (auch viele Taucher wählen diese Variante). Für Brillenträger gibt es prinzipiell zwei Varianten einer Maske mit optischen Gläsern. Zum einen bieten zahlreiche Maskenhersteller korrigierte Standardgläser in 0,5-Dioptrien-Abstufungen an, die in die Maske eingesetzt werden können. Allerdings haben hierbei nur wenige Hersteller Plus-Gläser, also Gläser für Weitsichtige, die meisten bieten nur Gläser mit –1 bis –10 Dioptrien an. Zum anderen kann man sich individuell korrigierte Gläser vom Optiker in die Maske einsetzen lassen. Hierzu informiert man sich am besten bei seinem Optiker.

Wichtig für einen guten Sitz der Maske ist ein breiter, weicher Lamellenrand.

Der Schnorchel

Es gibt verschiedene Formen von Schnorcheln, prinzipiell ist jedoch die einfachste Ausführung durchaus ausreichend. Der Schnorchel für Erwachsene hat eine Länge von maximal 35 cm vom Mundstück bis zur Öffnung und einen Durchmesser von 18–32 mm. Wichtig ist, daß die Länge Ihres Schnorchels auf keinen Fall mehr als 40 cm beträgt, da sonst durch das große Volumen die Gefahr besteht, daß Sie Ihre Ausatemluft immer wieder einatmen. Diese sogenannte Pendelatmung kann zur Bewußtlosigkeit und infolgedessen zum Ertrinken führen. Für Jugendliche gibt es Schnorchel, die etwas kürzer sind, und für Kinder sollten je nach Alter und Körperbau noch kleinere Schnorchel verwendet werden. Ein Erwachsenen-

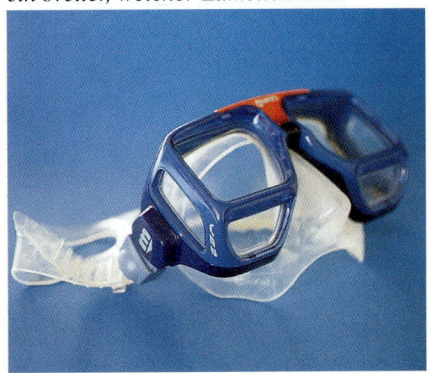

Am Anfang besonders gewöhnungsbedürftig ist die Mehrfenstermaske von Mares, bei der unterschiedliche Gläser eingesetzt werden können.

Wichtig ist ein guter Schnellverschluß zur Regulation des Maskenbandes.

schnorchel mit einem Volumen von 150–180 ml ist für ein Kind denkbar ungeeignet. So sollte beispielsweise bei einem 8jährigen Kind das Schnorchelvolumen maximal 60–70 ml betragen. Doch nicht nur Länge und Durchmesser, sondern auch das Mundstück selbst müssen kindgerecht sein, da es sonst für ein Kind schwierig wird, den Schnorchel dicht zu bekommen.

Es gibt Schnorchel, die in der Nähe des Mundstücks mit einem Ventil ausgestattet sind, das ein bequemes Ausblasen des Schnorchels gestattet. Diese Schnorchel sind zwar etwas teurer, die Anschaffung lohnt sich aber durchaus, denn das Ausblasen des Schnorchels nach dem Auftauchen ist bei diesen Ventilschnorcheln extrem bequem. Hier genügt es, normal auszuatmen, um den Schnorchel frei zu bekommen. Gerade weniger trainierte Schnorchler oder Kinder haben am An-

fang beim Ausblasen des Schnorchels noch Schwierigkeiten. Diese Schwierigkeiten treten vermehrt bei Ziehharmonika-Schnorchelanschlüssen auf, in denen gerne Restwasser bleibt.

Ein weiteres kleines, aber praktisches Schnorchel-Utensil ist ein Clip, um den Schnorchel am Maskenband zu befestigen.

Die Flossen

Der wichtigste Unterschied bei Flossen besteht zwischen den offenen Flossen, den sogenannten Geräteflossen und den geschlossenen Flossen. Nur guttrainierte Schnorchler sollten offene Flossen verwenden, da sie in ihrer schwereren und härteren Bauweise eher auf die langsameren und kraftvolleren Beinschläge der Gerätetaucher abgestimmt sind. Zudem können sie nicht am nackten Fuß getragen werden, sondern erfordern zusätzliche Neoprenfüßlinge (die allerdings beim Ein- und Ausstieg an Felsenküsten und natürlich in kaltem Wasser Vorteile als Verletzungs- und Kälteschutz bieten). Die entscheidenden Kriterien für die Wahl einer Flosse sind Härte und Länge. Hier muß jeder für sich persönlich und seinem Trainingszustand entsprechend die richtige Kombination aus beiden Kriterien wählen. Für den geübten Schnorchler wird eine kurze, weiche Flosse ebenso ungeeignet sein wie eine lange und harte Flosse für einen Anfänger. Bei letzterem würde eine harte Flosse zur Überbeanspruchung und damit eventuell zu Wadenkrämpfen oder schmerzenden Knöcheln führen. Gerade bei Kindern sollte man darauf achten, daß ihre Flossen nicht zu schwer und steif sind.

Maskenprobleme

Wie bereits erwähnt, wird die Maske vor jedem Benutzen mit Spucke ausgerieben und ausgespült, um ein Beschlagen zu verhindern. Sollte die Maske trotzdem beim Schnorcheln immer wieder beschlagen, könnte das zum einen daran liegen, daß Sie unbewußt über die Nase ausatmen. Sofern dies nicht der Fall ist, gibt es noch eine Reihe von Tricks, die Maske am Anlaufen zu hindern. Eine beliebte Variante ist es, die Maske mit Zahnpasta auszureiben, eine andere, sie eine Weile in Cola zu legen und jeweils danach gründlich abzuspülen.

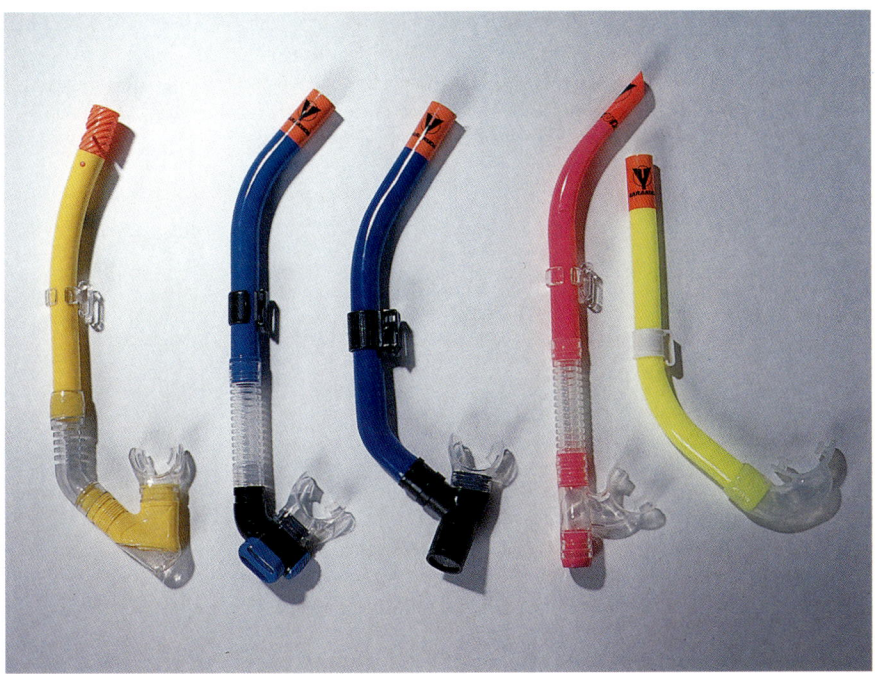

Verschiedene geeignete Schnorcheltypen

Aus Frankreich kommt der Trend, daß erfahrene, konditionsstarke Schnorchler zur Monoflosse greifen und im Delphin-Beinschlagstil beide Beine synchron auf und ab bewegen, so daß sie einen ausgezeichneten Vorschub erhalten.

Die Farbe der Flossen ist natürlich Geschmackssache, hat aber durchaus auch einen sicherheitsrelevanten Aspekt, da Flossen mit Leuchtfarben (etwa gelb) für andere Wassersportler leichter zu sehen sind.

Beim Anprobieren sollten die Flossen gut am Fuß sitzen (im kalten Wasser wird der Fuß noch etwas „kleiner"), ohne jedoch zu eng am Fuß anzuliegen. Stellt sich später heraus, daß die Flossen doch zu groß sind, kann man entweder Tennissocken hineinziehen oder sich sogenannte Flossenhalter zulegen, mer-

Keine Ballventile

Am Rande seien hier noch die Schnorchel erwähnt, die mit einem kleinen Bällchen am Auslaß versehen sind (Pingpongball-Prinzip), das den Schnorchel beim Abtauchen verschließt.

Solche Schnorchel sind gefährlich und daher seit einigen Jahren auch fast nicht mehr auf dem Markt. Erstaunlicherweise fördern aber immer wieder Eltern solche antiquierten Modelle vom Dachboden zutage, da sie für die Kinder zum Spielen im Wasser ja vermeintlich noch gut geeignet zu sein scheinen.

Offene Geräteflossen und Schnorchelflossen mit angesetztem Schuhteil

cedessternförmige Gummihalterungen, die verhindern, daß man die Flossen verliert. Diese Flossenhalter eignen sich zur Not auch bei Kinderflossen, soweit keine genau passenden zu bekommen sind.

Kälte- und UV-Schutz

Die wenigsten werden wohl im Frühjahr im Mittelmeer schnorcheln gehen wollen, wenn die Wassertemperatur noch weit unter 20°C liegt. Das heißt, für die Mehrheit der Urlaubsschnorchler ist der UV-Schutz wesentlich interessanter als der Kälteschutz.

Daß man sich durch die reflektierende Wirkung des Wassers dort schneller einen Sonnenbrand holt als an Land, ist hinlänglich bekannt. Dennoch denken die wenigsten daran, wenn sie nur „kurz" schnorcheln gehen, zumal sie sich vorher meist mit vermeintlich wasserfester Sonnenmilch eingecremt haben. Doch in der Regel vergeht die Zeit beim Schnorcheln schneller als man denkt, und schon hat es einen erwischt. Besonders sonnenbrandgefährdet sind Rücken, Schultern, Nacken, Ohren, Oberarmrückseiten, Kniekehlen und Waden. Ein einfacher, wenngleich nicht sehr eleganter Trick, sich den schmerzhaften Sonnenbrand auf Schultern und Rücken zu ersparen, ist ein T-Shirt beim Schnorcheln. Noch besser sind ein langärmeliges Herrenhemd und alte Jeans als Schutz für die Kniekehlen und Waden.

Für diejenigen, die vorhaben, regelmäßig länger im Wasser zu bleiben, empfiehlt sich ein sogenannter Neoprenshorty, ein dünner Neoprenanzug mit kurzen Ärmeln und Beinen.

Diese Kombination aus UV- und Kälteschutz empfiehlt sich besonders auch für Kinder.

Monoflossen erfordern ein gutes Training, bevor man sie im freien Gewässer einsetzen kann.

Sehen und gesehen werden

Wer an der Oberfläche schnorchelnd nach unten blickt, wird bei der ersten Begegnung mit einem Meerpfau oder Meerjunker feststellen, daß das Leben im Mittelmeer recht bunt ist. Er oder sie wird – je nach Sichttiefe – aber auch bemerken, daß die Farben nach unten hin immer schwächer werden. In der Tat gehen die Farben mit zunehmender Tiefe verloren, sie werden vom Wasser regelrecht verschluckt (absorbiert). Dieser Absorption fällt das langwellige Licht, wie etwa die Farbe Rot, als erstes zum Opfer. Rot ist in der Regel schon in 10 m Tiefe nicht mehr zu sehen. Mit zunehmender Tiefe verschwinden Orange,

Die professionellere Lösung ist ein 3 mm Lycra-Anzug, der ähnlich der Radler-, Ski- oder Gymnastikkleidung körpergenau sitzt und neben dem vollen UV- und Kälteschutz auch noch Schutz vor Berührungen mit Nesselgiften bietet. Wer im kühleren Wasser, wie etwa im Frühjahr im westlichen Mittelmeer, schnorcheln möchte, muß da allerdings schon zu einer wärmeren Variante greifen. Mit einem 6,5–7 mm dicken Neoprenanzug sollte man da schon ausgestattet sein. Bedingt durch den enormen Auftrieb des Anzuges wird es hierfür allerdings erforderlich sein, zusätzliches Gewicht mit sich zu führen, das heißt, ein Bleigurt, wie ihn auch die Taucher verwenden, wird notwendig. Wieviel Bleigewicht der einzelne braucht, hängt von dessen Gewicht und von der Auftriebskraft des Anzugs ab.

Sicherheitstip

Schnorcheln ist erst dann sicher und macht richtig Spaß, wenn man von Anfang an die passende, richtig sitzende Ausrüstung hat. Hier zu sparen verhindert nicht nur den richtigen Einstieg, sondern macht jeden Versuch zum gefährlichen Risiko.

Erst wer feststellt, daß man mit der richtigen Maske unter Wasser alles so scharf wie an Land sehen kann und mit dem richtigen Schnorchel ungehindert an der Wasseroberfläche atmen kann, verliert die Angst, wird unverkrampft und locker.

Nutzen Sie deshalb durchaus die Leihangebote der Tauchbasen, Schulen und Fachgeschäfte, bis Sie die perfekt sitzende, auf Sie abgestimmte ABC-Ausrüstung gefunden haben.

*Tropenoverall Barbados black
(3 mm) von Camaro*

*In tropischen Gewässern genügt ein Mo-
notherme (1 mm) von Camaro*

Gelb, Grün und schließlich als letztes Blau.

Wer also schnorchelnderweise die Welt in ein paar Meter Tiefe erkunden möchte, für den lohnt es sich auf jeden Fall, eine Lampe mitzunehmen. Aber auch wer nur an der Oberfläche schnorchelnd auf tiefgreifendere Entdeckungsreise gehen möchte, sollte eine Lampe zur Hand haben, um in kleinere Spalten hineinleuchten zu können und das zu entdecken, was anderen oft verborgen bleibt.

Da gute Unterwasserlampen jedoch eine etwas größere Investition darstellen, lohnt sich deren Anschaffung nur für Leute mit großem biologischen Interesse und natürlich für Nachtschnorchler. Bei nächtlichen Schnorchelgängen ist eine Lampe unerläßlich. Diese gibt es in verschiedenen Preisklassen von einfachen batterie(akku)betriebenen Lampen unter 50 DM bis zu Taucherlampen im Bereich von mehreren hundert Mark.

Ein Punkt, den Schnorchler bei all der Begeisterung über das, was es zu sehen gibt, nicht vergessen sollten, ist der, selber gesehen zu werden. Innerhalb der Badezonen an den Stränden ist das Schnorcheln relativ ungefährlich. Wer jedoch außerhalb dieser gekennzeichneten Zonen schnorchelt, sollte/muß aus Gründen der eigenen Sicherheit eine Bo-

*Overall und Shorty von Barakuda
aus dünnem Neopren*

*Zweiteilige Anzüge (7 mm) von
Beuchat für kältere Regionen*

je mit sich führen (aufblasbare Bojen gibt es im Tauchladen).

Leider kommen jedes Jahr Schwimmer oder Schnorchler bei Unfällen mit Motorbooten zu Schaden. Der Unfall von Fernsehkommissar Schimanski, der beim Schnorcheln im Mittelmeer von einem Motorboot verletzt wurde, sorgte auch bei uns für Aufsehen. Gerade in den Sommermonaten herrscht an fast allen Stränden des Mittelmeers reger Motorbootsverkehr, und sobald die Oberfläche des Meeres ein wenig bewegt ist, ist ein einzelner Schnorchler kaum noch auszumachen (ganz abgesehen davon, daß in einigen Gebieten recht rücksichtslos ge-

fahren wird). Eine Boje hingegen sollte für jeden gut zu sehen sein. In Italien und auch in anderen Mittelmeeranrainerstaaten etwa ist das Mitführen einer Boje sogar Pflicht, sobald man den Schwimmerbereich verläßt oder überhaupt in der Zeit von Sonnenuntergang bis Sonnenaufgang einen Nachtschnorchelgang unternimmt. Eine Mißachtung kann mit Geldbußen belegt werden.

Pflege der Ausrüstung

Für Maske, Schnorchel und Flossen gilt:
- Nach Benutzung im Salz- oder Chlorwasser stets mit Süßwasser abspülen.

Auch erhöht man die Lebensdauer der ABC-Ausrüstung, indem man sie nicht für längere Zeit in der prallen Sonne liegenläßt, da die UV-Strahlung den Kunststoff angreift und das Silikon der Maske langsam gelb werden läßt.

Für die Aufbewahrung der Maske empfiehlt sich eine Maskenbox, um Beschädigung und Verformung sowie einem Zerkratzen oder Zerbrechen der Gläser vorzubeugen (die meisten Masken befinden sich beim Kauf bereits in einer solchen Box).

Vorbereitungen zu Hause

Wer nicht nur an der Oberfläche dümpeln und in die Tiefe blicken, sondern richtig schnorcheln möchte, dem sei empfohlen, sich, die Familie oder beteiligte Freunde bereits zu Hause mit ein paar kleinen Schwimmbadübungen und richtigem Konditionstraining vorzubereiten. Denn mit entsprechender Kondition macht Schnorcheln nicht nur mehr Spaß, es ist auch erheblich sicherer.

Nicht selten kommt es vor, daß man vor lauter Schönheiten unter Wasser die Zeit (und die Entfernung) vergißt, vor sich hinschnorchelt und plötzlich feststellt, daß man schon sehr viel weiter vom Strand oder Boot entfernt ist, als man eigentlich vorhatte. Oder daß doch eine unmerkliche Strömung einen weiter hinausgetragen hat, als man gedacht hat –

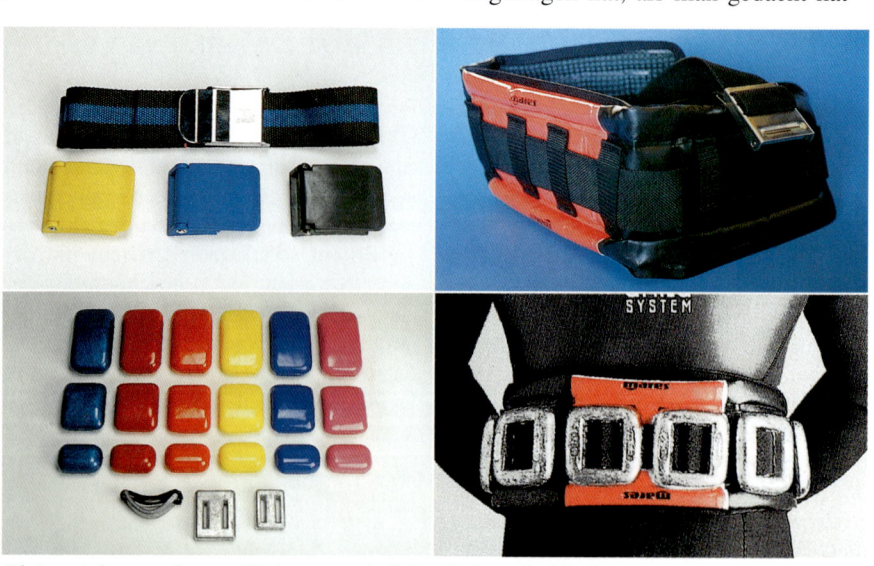

Bleigewichte werden an Bleigurten mit Schnellabwurfschließen getragen.

und man plötzlich gegen die Strömung zurückpaddeln muß.

Gerade wer mit Kindern schnorcheln gehen möchte, tut gut daran, sich und die Familie ein klein wenig schnorchelfit zu machen. Zudem sind Schwimmen, Konditionstraining und verbesserte Körperbeherrschung in einer Zeit mit steigenden Herzkreislauf- und Haltungsschäden wichtige Vorbeugungsmaßnahmen für jederman.

Da es in unseren Hallenbädern in der Regel jedoch nicht möglich ist, im normalen Badebetrieb mit Flossen zu trainieren, lohnt es sich, bei den örtlichen Tauchsport- und Schwimmvereinen bzw. der DLRG nachzufragen, ob diese z. B. Schnorchel-Brevets für Kinder anbieten. Denn die gesamte Familie wird mit der Gewißheit, daß die Kleinen auf den Umgang mit Maske, Schnorchel und Flossen gut vorbereitet sind, mehr Spaß am Schnorcheln haben und sich viel besser auf die Unterwasserfauna und -flora konzentrieren können.

Wichtige Kontaktadressen

Verband Deutscher Sporttaucher VDST e.V.
Tannenstraße 25
D-64546 Mörfelden-Walldorf
Tel. (0 61 05) 96 13 01 und 02
Fax (0 61 05) 96 13 45
e-Mail: vdst.eV@t-online.de
Internet: http://www.vdst.de

Deutsche Lebensrettungsgesellschaft
Im Niedernfeld 2
D-31542 Bad Nenndorf

Tauchsportverband Österreich TSVÖ
Erlachgasse 36–40
A-1100 Wien

Schweizer
Unterwasser-Sportverband
Pavillionweg 3
CH-3012 Bern

Handlampen und Scheinwerfer zaubern Farbe in dunkle Nischen.

So gibt man das Okay-Zeichen

Mit dem Kopf unter Wasser

Wie andere landbewohnende Wirbeltiere auch, atmen wir Menschen im Normalfall durch die Nase ein und aus. Dies ist mit dem Kopf unter Wasser nicht möglich, wir können mit dem Schnorchel ausschließlich über den Mund ein- und ausatmen.

Jeder kennt das unangenehme Gefühl, Wasser in die Nase zu bekommen, und so halten sich die meisten Kinder beim Sprung ins Wasser auch automatisch die Nase zu. Diesen Wasser-Nase-Reflex sollte ein guter Schnorchler jedoch in den Griff bekommen. Das heißt, Wasser in der Nase darf die Atmung nicht beeinträchtigen, und mit ein wenig Übung kann man es auch durchaus ertragen, Wasser in die Nase zu bekommen.

Eine einfache Übung hierzu läßt sich am Beckenrand oder im Lehrschwimmbecken durchführen. Man atmet normal ein, hält den Kopf unter Wasser und atmet bewußt durch die Nase aus. Dies mag zwar am Anfang etwas merkwürdig sein, wird den meisten nach ein paar Übungen aber schon relativ leichtfallen. Im nächsten Schritt setzen Sie die Maske auf. Damit diese nicht ständig beschlägt, wird vor dem Aufsetzen in die noch trockene Maske gespuckt, der Speichel auf dem Glas verrieben und danach kurz abgespült. Nun sollte die Maske nicht mehr anlaufen.

Das Halteband wird um den Kopf gelegt und der richtige Sitz geprüft (das Halteband soll die Maske wirklich nur halten, nicht an den Kopf pressen). Einmal Luft anhalten, den Kopf ins Wasser, und das Schwimmbad erscheint plötzlich in einer ganz neuen Perspektive.

Zum Luftholen müssen Sie den Kopf im Moment allerdings noch aus dem Wasser heben. Um auch das noch loszuwerden, kommt der Schnorchel zum Einsatz. Er wird entweder mit einem Clip oder Riemen am Maskenband befestigt oder einfach unter dem Maskenband hindurchgesteckt. Letztere Methode kann bei weichem Maskenkörper leicht die Dichtigkeit am Gesicht verhindern.

> **Merke:**
>
> Niemals gegen, sondern immer mit dem Wasser arbeiten! Dies bedeutet: Lieber, wenn erforderlich, einmal einen Schwall Wasser bewußt schlucken, als sich hustend zu verschlucken und anschließend in Atemnot zu geraten.

Sie nehmen das Mundstück in den Mund und halten den Schnorchel, indem Sie auf die Bißwarzen am Mundstück beißen. Die Lippen umschließen das Mundstück und verhindern so das Eindringen von Wasser in den Mund. Es genügt dabei vollkommen, einfach die Lippen zu schließen, Sie müssen diese weder zusammenpressen, noch müssen Sie fest auf das Mundstück beißen.

Nach ein paar Atemzügen durch den Schnorchel zur Gewöhnung tauchen Sie den Kopf unter Wasser. Damit Sie sich dabei sicher fühlen und keine Angst haben müssen, daß Wasser oben in den Schnorchel hineinläuft, sollte am Anfang ein Partner diese ersten Versuche unterzutauchen beobachten.

Wer mit Kindern eine solche Übung macht, muß auf jeden Fall darauf achten, daß sie nicht zu tief eintauchen und Wasser schlucken. Nach einer Weile hat man dann ein gutes Gefühl dafür, wie weit man sein Gesicht gefahrlos ins Wasser eintauchen kann.

Später, als Schnorchler im Freiwasser, möchten Sie allerdings noch etwas mehr können, als nur den Kopf unter Wasser tauchen und nach unten gucken. Sie möchten auch abtauchen können, und dazu ist die Beherrschung einer weiteren Übung mit dem Schnorchel unumgänglich: das Ausblasen des Schnorchels.

Taucht man mit dem Kopf tief genug ein, läuft Wasser in den Schnorchel, das man beim Auftauchen schnell wieder loswerden muß, um wieder atmen zu können. Hierzu atmen Sie, wieder an der Oberfläche angekommen, mit einem kräftigen

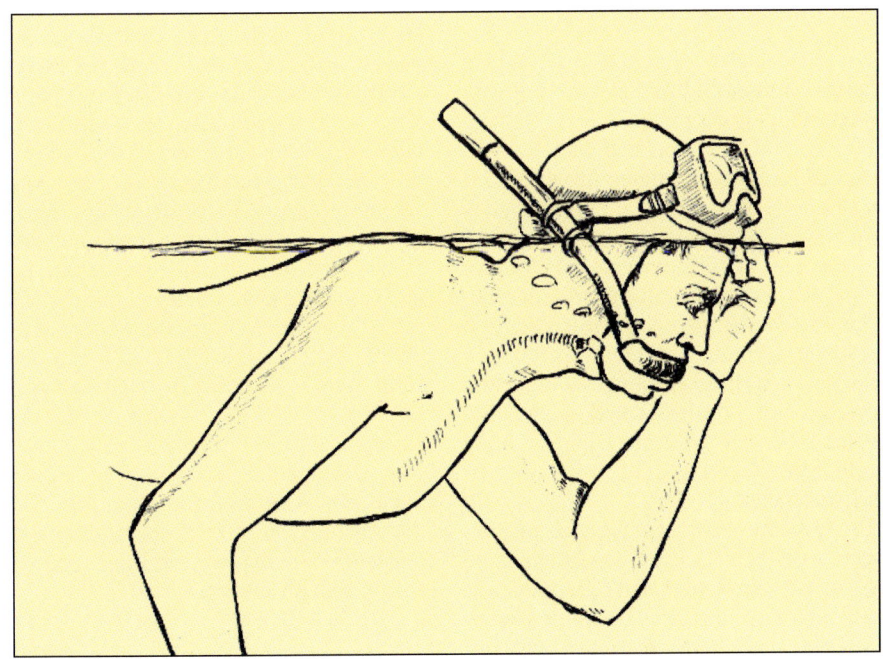

Trainingsübung zum Wasser-Nase-Reflex

23

Stoß durch den Schnorchel aus und blasen so fontänenartig das Wasser aus dem Schnorchel. Auch die Übung hierzu ist nicht schwierig und wird in der Regel von jedem schnell beherrscht.

Sie atmen durch den Schnorchel ein, halten die Luft an und den Kopf tief ins Wasser, so daß der Schnorchel voll Wasser läuft. Danach heben Sie den Kopf wieder aus dem Wasser und blasen mit einem kurzen, kräftigen Stoß Luft in den Schnorchel, so daß alles Wasser aus dem Schnorchel spritzt. Danach ist er wieder frei zum Atmen.

Wenn Sie sich nun mit Maske und Schnorchel schon wohlfühlen, können Sie bereits einen Schritt weitergehen, die Flossen anziehen und ein wenig umherschnorcheln.

Mit Flossen unterwegs

Wenn Sie noch nie Flossen an den Füßen hatten, werden Sie sich erst einmal sehr tolpatschig vorkommen, wenn Sie am Beckenrand dieselben anziehen und versuchen, ein wenig umherzuwatscheln – schließlich sind Flossen dafür ja auch nicht gedacht. Flossen sind Schwimmhilfen, und Sie sollten sie nur im Wasser anziehen und nicht mit ihnen umherlaufen. Im Wasser hingegen werden Sie sich sofort wohlfühlen mit Ihren vergrößerten Füßen. Ein Flossenschlag, und schon merken Sie, wie leicht und schnell Sie damit sind und daß eines natürlich nicht geht: die Beinbewegungen des Brustschwimmens.

Zur Gewöhnung legen Sie sich am besten gemütlich flach auf den Rücken, die Arme auf den Bauch, und führen langsame und gleichmäßige Paddelbewegungen mit den Beinen aus. Ein wildes Umherrudern ist dabei ebenso unnötig wie hektische Strampelbewegungen. Sie sind damit nicht schneller, es ist lediglich viel anstrengender und, was im Freiwasser nachher wichtig ist, ermüdender.

Wichtig ist, das sogenannte Radfahren zu vermeiden, das heißt, die Oberschenkel werden bei der Paddelbewegung nicht angezogen und die Knie nicht, beziehungsweise kaum merklich, gebeugt. Die Bewegung erfolgt vielmehr aus dem Oberschenkel heraus, indem die gestreckten Beine, wie bei kleinen Schritten, abwechselnd ca. 30 cm nach oben und nach unten bewegt werden. Die Flossen sind gewissermaßen die Verlängerung der langgestreckten Körperachse beim Schnorcheln. Die unverkrampft gestreckten Beine pendeln abwechselnd auf und ab und sorgen für den nötigen Antrieb.

Im nächsten Schritt werden Sie jetzt, nachdem Ihnen Maske, Schnorchel und Flossen zu vertrauten Ausrüstungsgegenständen geworden sind, erstmals richtig schnorcheln, um Ihre korrekte Schwimmhaltung noch zu verbessern. Ohne die Benutzung der Arme (diese werden nach vorne gestreckt) schnorcheln Sie in gestreckter Bauchlage, kontinuierlich durch den Schnorchel atmend. Am Anfang können Sie hierzu noch ein Schwimmbrett zu Hilfe nehmen. Anschließend versuchen Sie es einmal in Seitenlage, wobei Sie hierzu nur einen Arm nach vorne nehmen. In allen Lagen ist es wichtig, möglichst gestreckt zu sein, das heißt flach im Wasser zu liegen, denn wenn Sie wie ein „nasser Sack" im Wasser liegen, brauchen Sie unverhältnismäßig mehr Kraft, um gegen den Wasserwiderstand Ihres eigenen Körpers anzukämpfen.

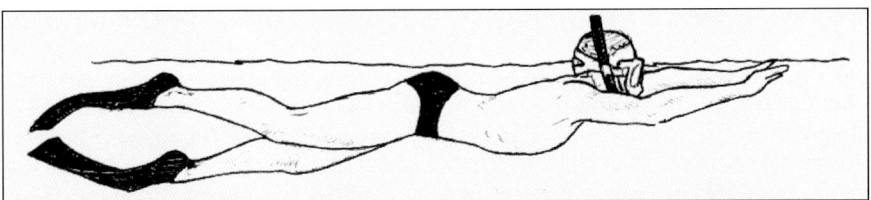

Normale Schnorchellage

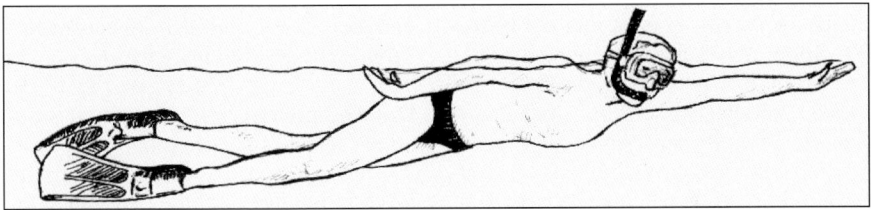

Seitenlage

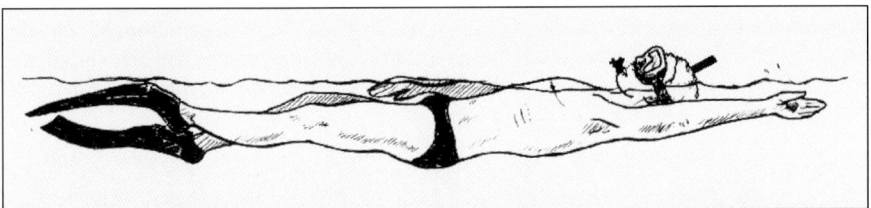

Rückenlage

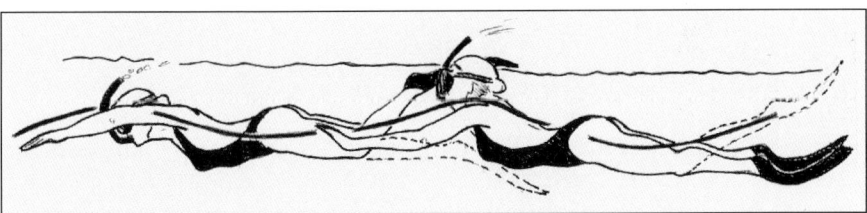

Delphinschwimmen

Wenn Sie etwas schneller schnorcheln möchten als nur mit Beinschlag, können Sie selbstverständlich die Arme zu Hilfe nehmen und mit Kraularmzügen schwimmen.

25

Abtauchen – Auftauchen

Das Schnorcheln an der Wasseroberfläche ist inzwischen zur Routine geworden, und das Ausblasen des Schnorchels klappt auch bestens. Jetzt steht dem Abtauchen ja nichts mehr im Wege.

Druckausgleich

Beim Abtauchen kommt nun ein Faktor ins Spiel, den Sie bisher nicht berücksichtigen mußten: die Zunahme des Drucks mit der Wassertiefe.

Dieser ist bereits beim Abtauchen im tiefen Bereich des Schwimmbads, also etwa auf 3 Meter, deutlich zu spüren, denn der zunehmende Wasserdruck drückt auf unsere Trommelfelle und verursacht einen stechenden Schmerz in den Ohren. Durch ein einfaches Manöver, das sogenannte Valsalvamanöver, läßt sich jedoch

bequem ein Druckausgleich herstellen. Wie zum Schneuzen greifen Sie mit Daumen und Zeigefinger an die Nase (dies ist der Grund, warum die Maske unbedingt einen Nasenerker besitzen muß) und pressen behutsam Luft in den Nasen-Rachen-Raum. Auf diese Weise öffnen sich die Eustachischen Röhren, die Verbindungen zu den Mittelohren, und der Druck auf der Innenseite der Trommelfelle ist nun wieder der gleiche wie auf deren Außenseite. Daß der Druckausgleich erfolgt ist, spüren Sie an einem leichten Knacken und dem nachlassenden Druck auf die Trommelfelle. Wichtig ist, daß der Druckausgleich unmittelbar nach dem Abtauchen (also etwa ab 1 Meter) durchgeführt wird und nicht erst am Beckenboden, da der Druck auf den ersten Metern verhältnismäßig am stärksten zunimmt. Auch darf

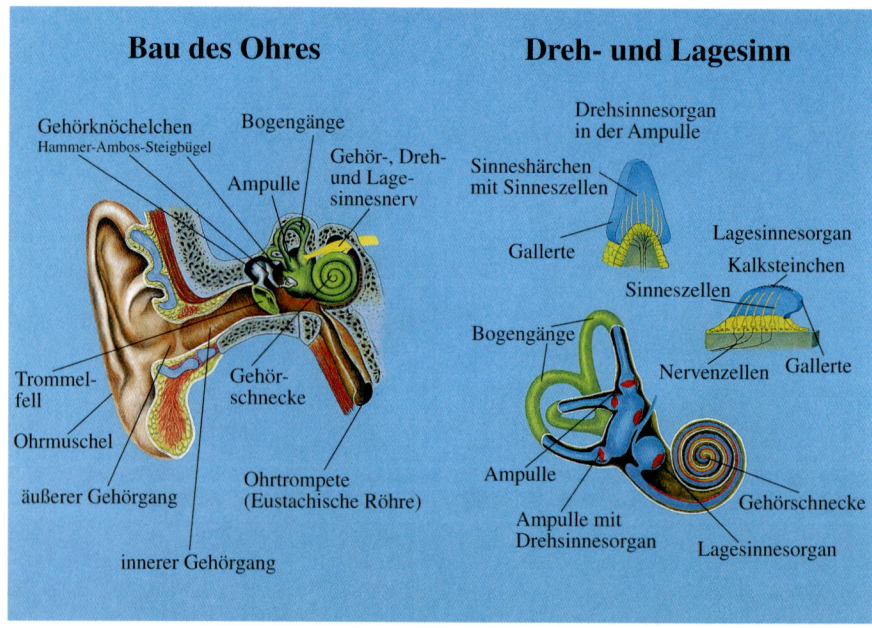

Aufbau des Ohres

der Druckausgleich niemals mit Gewalt durchgeführt werden, z. B. weil er aufgrund einer Erkältung nicht richtig funktioniert. In einem solchen Fall muß auf das Abtauchen einfach verzichtet werden. Wer den Druckausgleich unterläßt oder zu spät durchführt, riskiert nicht nur einen stechenden Schmerz, sondern unter Umständen auch einen Trommelfellriß!

Es gibt Leute, die es beherrschen, den Druckausgleich durch Schluck- und Kaubewegungen zu bewerkstelligen, die meisten jedoch müssen sich zu diesem Zweck an die Nase greifen.

Auch in den Stirnhöhlen kann es zu einem stechenden Schmerz kommen, wenn – etwa durch eine Erkältung – kein Druckausgleich in den Stirnhöhlen stattfinden kann. Auch in diesem Falle gilt: Abtauchen unterlassen.

Abtauchen

Am leichtesten fällt es abzutauchen, indem Sie ein wenig Anlauf nehmen, d. h. anschwimmen. Aber auch aus einer ruhigen vertikalen Lage an der Wasseroberfläche fällt es nicht allzuschwer, senkrecht nach unten zu tauchen.

Die Arme nach vorne gestreckt, nutzen Sie den Schwung des Anschwimmens, knicken in der Hüfte mit dem Oberkörper nach unten ab und schwingen unmittelbar anschließend beide Beine nach oben. Mit dem Schwung und dem Gewicht der senkrecht aus dem Wasser katapultierten Beine werden Sie, sobald der Körper wieder eine gestreckte Position hat, regelrecht nach unten geschoben. Sobald die Flossen schließlich ins Wasser eintauchen, können Sie die Paddelbewegung wieder einsetzen. Wichtig ist jetzt, den Druckausgleich nicht zu

Abtauchen in drei Phasen: Anschwimmen (1) – Abknicken (2) – Abtauchen (3)

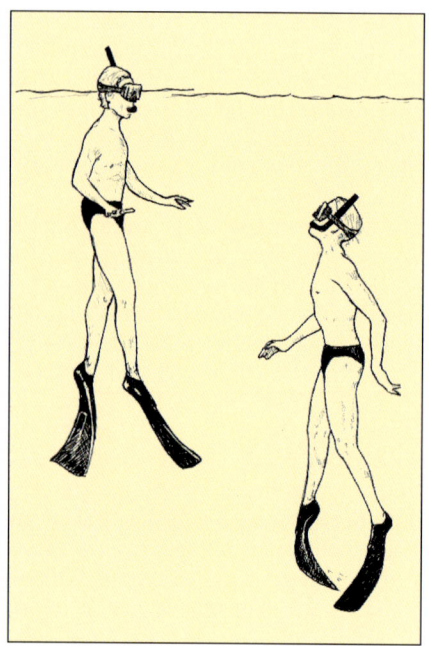

Flossenschlag unter Wasser

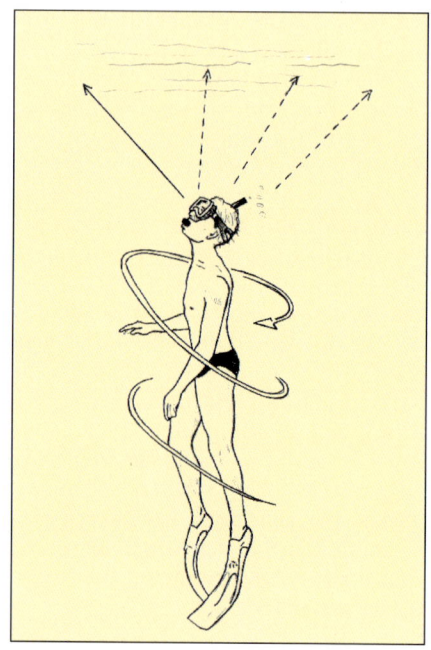

Rundumsicherung beim Auftauchen

vergessen. Da der Druck beim Abtauchen auf den ersten Metern am stärksten zunimmt, muß der Druckausgleich direkt mit dem Abtauchen beginnen.

Wenn Sie es nicht auf Anhieb schaffen, elegant und senkrecht abzutauchen, brauchen Sie nicht zu verzagen, mit etwas Übung wird das schon bald ganz gut aussehen. Und es gibt ja schließlich noch eine zweite Variante, galant abzutauchen. Hierzu legen Sie sich flach auf die Wasseroberfläche und nehmen die Arme nicht nach vorne, sondern legen sie seitlich am Körper an. Nun knicken Sie genau wie vorher auch den Körper in der Hüfte ab und führen gleichzeitig die Arme nach vorne. Fast automatisch schwingen bei diesem Manöver die Beine nach oben, und Sie gleiten in gestreckter Haltung nach unten.

Auftauchen

Beim Auftauchen gibt es eine wichtige Regel, die man sich am besten gleich von Anfang an zu Herzen nehmen sollte. Der Blick sollte beim Auftauchen stets nach oben gerichtet sein, so daß man die Wasseroberfläche im Visier hat. Dreht man sich nun beim Auftauchen zusätzlich noch um die eigene Achse, so hat man den bestmöglichen Blick nach oben. Im Freiwasser ist dies absolut wichtig, um Kollisionen nicht nur mit anderen Schwimmern, sondern auch mit eventuellen Booten, Surfbrettern oder ähnlichem zu vermeiden. Auch empfiehlt es sich – gerade bei etwas schlechterer Sicht – zusätzlich eine Hand nach oben zu nehmen, so daß man gegebenenfalls mit der Hand und nicht mit dem Kopf zuerst gegen ein Hindernis stößt.

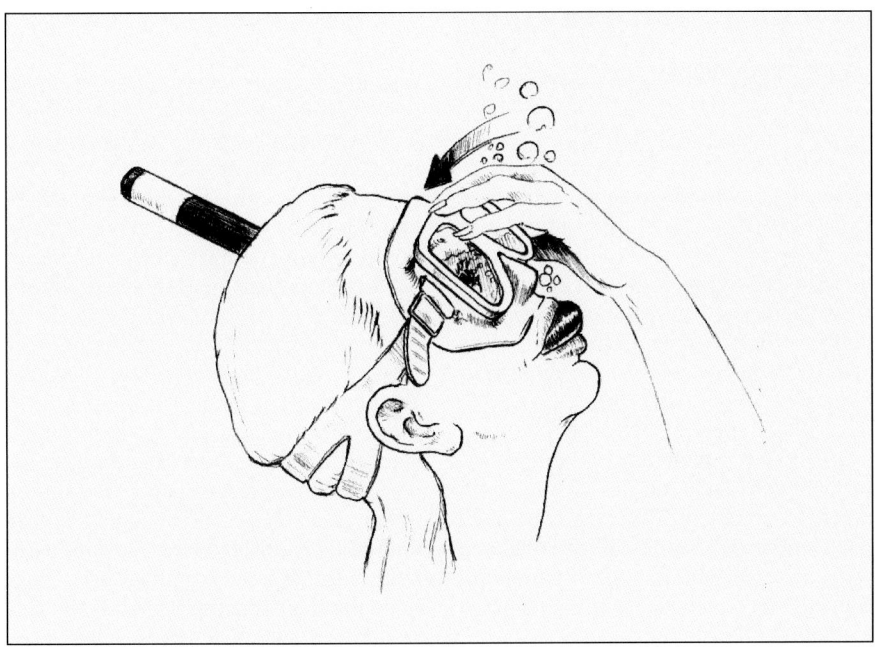

Ausblasen der Maske

Auftauchregeln

Tauchen Sie immer so nahe wie möglich an Ihrer Boje auf, da kein Bootsfahrer weiter als 5 m von Ihrer Boje entfernt mit Ihrem Auftauchen rechnet. Gleiches gilt natürlich auch für die Umgebung eines Bootes. Verlassen Sie sich nie auf Ihr Gehör, da Sie unter Wasser nahezu niemals die Richtung, aus der Geräusche kommen, wahrnehmen können. Zudem ist auch die Entfernungsabschätzung bei Geräuschen kaum möglich.

Ausblasen der Maske

Zum sicheren Schnorcheln gehört die Fähigkeit, die Maske während des Schnorchelns ohne große Anstrengungen ausblasen zu können.

Läuft Wasser in die Maske oder wird sie gar unter Wasser aufgesetzt, ist es kein Problem (nur eine Frage der Übung), dieses auch unter Wasser wieder aus der Maske rauszublasen. Hierzu legen Sie den Kopf in den Nacken und drücken mit der Hand den oberen Maskenrand leicht gegen die Stirn. Jetzt wird langsam durch die Nase ausgeatmet. Die in die Maske ausgeatmete Luft steigt daraufhin nach oben und drängt das Wasser unter dem entlasteten unteren Maskenrand nach draußen. Nach kurzer Zeit ist die Maske wieder leer, d. h. luftgefüllt wie üblich.

Sicheres Schnorcheln

Schnorcheln ist ein schöner und erlebnisreicher Sport für die ganze Familie. Doch wie bei anderen Sportarten auch, lauern beim Schnorcheln einige Gefahren, die jedoch leicht zu vermeiden sind, wenn man sie kennt. Gerade wer mit Kindern zum Schnorcheln geht, sollte über Gefahren – wie z. B. die Hyperventilation – Bescheid wissen, da Kinder solche Gefahren natürlich noch überhaupt nicht wahrnehmen. Das gilt selbstverständlich auch für das Schnorcheln unter Überhängen, das Durchtauchen von Durchbrüchen und das unter Booten oder anderen Hindernissen Durchtauchen. Kinder überschätzen hier nur zu leicht ihre Fähigkeiten.

Kenntnisse über die Lebensweise giftiger Tiere schützen ebenfalls vor Verletzungen und bösen Überraschungen in der „schönsten Zeit des Jahres".

Hyperventilation

Gerade Kinder sind oft der Meinung, sie könnten länger tauchen, wenn sie vor dem Tauchgang schnell und kräftig ein- und ausatmen, also hyperventilieren. Daß dies ein gefährlicher Trugschluß ist, wissen auch viele Erwachsene nicht.

Vermeintliches Ziel dieser Hyperventilation ist es, mehr Sauerstoff ins Blut zu bekommen, um somit länger tauchen zu können. Nur leider ist dies nicht der Fall, da das Hämoglobin unseres Blutes bereits bei ganz normaler Atmung zu 97 % mit Sauerstoff gesättigt ist. Was aber bei der Hyperventilation passiert, ist vereinfacht gesagt folgendes: Das im Blut gelöste Kohlendioxid wird verstärkt abgeatmet, und der Schnorchler geht mit einem ungewöhnlich niedrigen CO_2-Spiegel im Blut unter Wasser. Während der Tauchphase sinkt der Sauerstoffspiegel langsam ab, und der Kohlendioxidspiegel steigt langsam an. Das Signal „Auftauchen und Luftholen" bekommen wir von unserem Atemzentrum dann, wenn der Kohlendioxidspiegel einen bestimmten Wert erreicht hat. War dieser durch die Hyperventilation aber zu Beginn sehr niedrig, wird der atemreflexauslösende Wert erst spät erreicht. Oft zu spät, denn inzwischen ist ja auch der Sauerstoffspiegel im Blut weiter abgesunken als normal. In einem solchen Fall kann es durch akuten Sauerstoffmangel zu einer unmerklich einsetzenden Bewußtlosigkeit unter Wasser kommen (der sog. Schwimmbad-Blackout). Wird ein solcher Vorfall nicht sofort von anderen bemerkt und der Betroffene aus dem Wasser geholt und beatmet (sofern keine Spontanatmung eintritt), kann derjenige selbst im flachsten Schwimmbecken ertrinken.

Eine ähnliche Gefahr lauert beim Abtauchen in die Tiefe nach vorheriger Hyperventilation. Wer beispielsweise auf eine Tiefe von 10 m abtaucht (für einen etwas geübten Schnorchler kein größeres Problem), auf dessen Körper wirkt dort der doppelte Umgebungsdruck wie an der Wasseroberfläche. Das heißt, auch auf die im Blut gelösten Gase Sauerstoff, Kohlendioxid und Stickstoff herrscht ein erhöhter Druck. Dadurch strömt verstärkt Sauerstoff und auch Kohlendioxid aus den Lungenalveolen ins Blut. Ist der Kohlendioxidspiegel wieder entsprechend angestiegen, kommt das Signal „Auftauchen und Luftholen"! Durch den Sauerstoffverbrauch und durch die Druckentlastung beim Auftauchen sinkt nun der Sauerstoffspiegel rapide ab, und man erreicht die Wasseroberfläche mit einem gerade noch tolerierbaren Wert. Wurde vor dem Abtauchen allerdings hyperventiliert, kommt auch hier das Auftauchsignal zu spät, und der Sauerstoffpegel sinkt bereits vor Erreichen der Wasseroberfläche auf Null ab, mit der Folge der Bewußtlosigkeit.

Die oben beschriebenen Gefahren sind relativ leicht zu vermeiden, wenn man sich ihrer bewußt ist.

Sicherheitsregel: Niemals hyperventilieren

Das Hyperventilieren vor dem Abtauchen ist also auf jeden Fall zu unterlassen, und wer mit Kindern schnorchelt, sollte darauf achten, daß diese es auch nicht tun. Beim Abtauchen in die Tiefe empfiehlt es sich, daß ein Partner an der Oberfläche wartet, während der andere abtaucht, und ihn dabei beobachtet.

Zum Schutz der Ohren

Manche Leute bekommen nach längerem Schnorcheln leicht Probleme mit den Ohren. Gerade bei etwas windigerem Wetter sollte man es daher nicht unterschätzen, stundenlang mit Wasser in den Ohren herumzuschnorcheln. Wer also empfindliche Ohren hat, sollte darauf achten, nicht zu lange im Wasser zu sein und nach dem Schnorcheln am besten ein Neoprenstirnband über die Ohren zu ziehen, besonders, wenn etwa mit dem Boot vom Schnorchelplatz zurückgefahren wird.

Sicherheitsregel: Niemals Ohrenstöpsel

Auf keinen Fall jedoch dürfen Ohrstöpsel verwendet werden, die ein Eindringen von Wasser in die Ohren verhindern, da sonst beim Abtauchen die Gefahr eines Risses im Trommelfell besteht. Denn zwischen dem Ohrstöpsel und dem Trommelfell entsteht ein kleiner luftgefüllter Hohlraum, in dem durch den zunehmenden Umgebungsdruck beim Abtauchen ein relativer Unterdruck entsteht. Das Trommelfell wird dadurch gewissermaßen nach außen „gedrückt".

Gefahren beim Schnorcheln

Meistens kommt an dieser Stelle die Aufzählung von gefährlichen Tieren, die zu allerlei Verletzungen führen können. Doch bevor wir dazu kommen, noch ein paar allgemeine Hinweise zu Gefahren, die nicht von den Tieren und Pflanzen ausgehen, denen wir beim Schnorcheln begegnen, nämlich zur Sonne bzw. UV-Strahlung.

Generell sei festgehalten, daß Schnorcheln im Meer nicht gefährlicher ist als jede andere Sportausübung in freier Natur. Wichtig ist, daß man sich vorher etwas informiert über die Biologie und Lebensweise von „gefährlichen Tieren". Denn häufig stellen diese Tiere nur dann eine Gefahr dar, wenn wir ihnen zu nahe kommen oder sie unbeabsichtigt berühren. Dies zu vermeiden, hilft das Wissen um ihre Lebensgewohnheiten und ihren Aufenthaltsort.

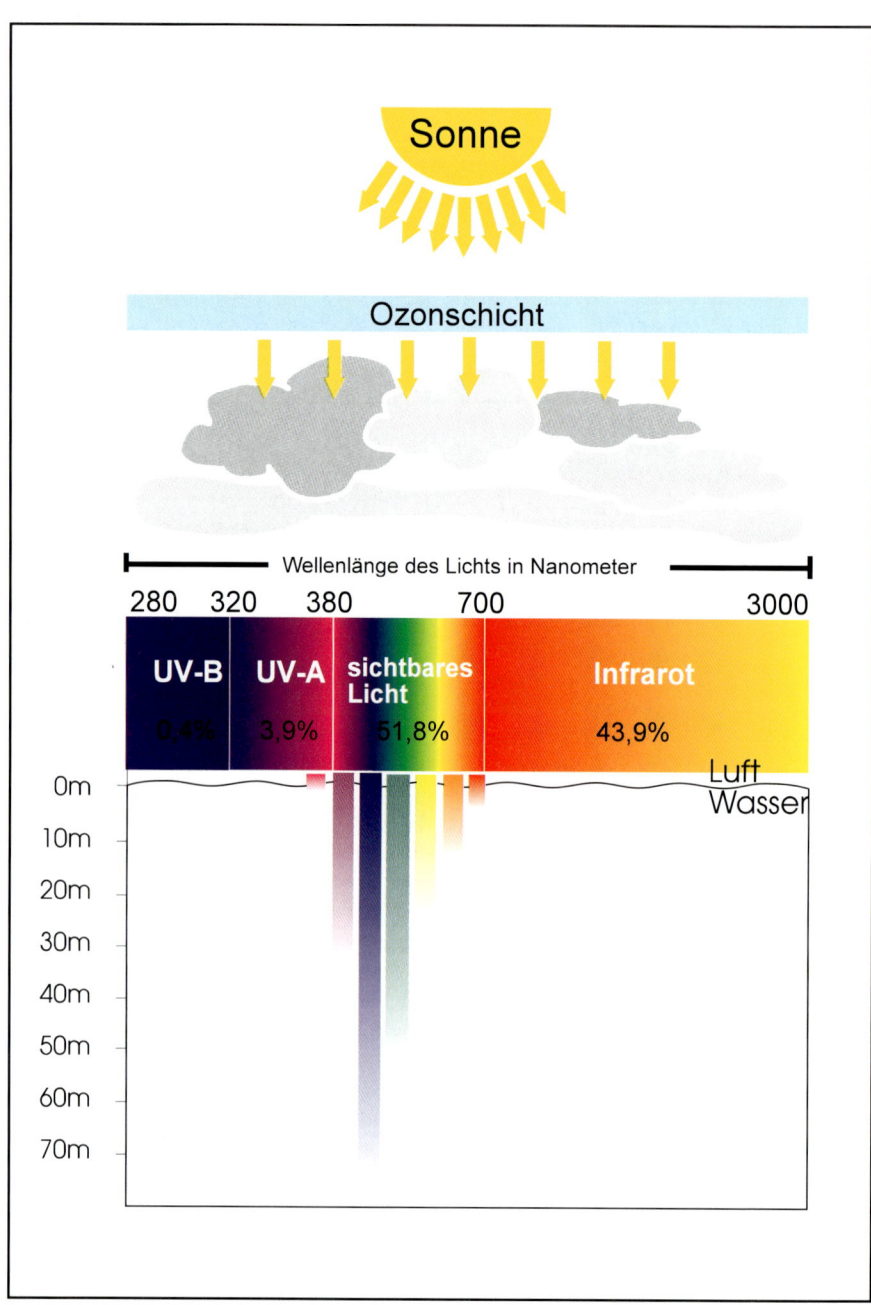

Grobverteilung der Sonneneinstrahlung

Sonnenbrand

In weiten Bereichen des Mittelmeers ist fast ganzjährig mit einer starken Sonneneinstrahlung zu rechnen. Denn durch seine geographische Lage (näher am Äquator) steht die Sonne nahezu ganzjährig recht hoch am Himmel. Im Gegensatz zu unseren Breitengraden, wo der mittägliche Sonnenstand durch die größere Entfernung zum Äquator sehr starken jahreszeitlichen Schwankungen unterworfen ist. Nur im Sommer wird in unseren Breiten der Höchststand erreicht.

Am, im oder auf dem Wasser werden große Teile der Sonnenstrahlen durch die Wasseroberfläche reflektiert. Es kommt so zu einer stärkeren Einstrahlung auf unseren Körper, die durch Wassertröpfchen auf der Körperoberfläche noch zusätzlich verstärkt wird. Es ist daher dringend angeraten, beim Schnorcheln ein T-Shirt oder auch eine lange Hose zu tragen. Dies gilt besonders für „Bleichgesichter", die noch keine schützende Bräune (Pigmentierung) gebildet haben. Gerade die Sonne im Frühjahr ist hier nicht zu unterschätzen.

Wer mit einem vor Kälte schützenden Neoprenanzug schnorchelt, ist zwar im Wasser vor den Gefahren des Sonnenbrands gefeit, sollte diese am Strand aber auch nicht vergessen.

Denn: Bereits mit nur leicht geröteter Haut kann das Anziehen eines Neoprenanzuges sehr schmerzhaft sein!

Bei längerem Schnorcheln im dicken Neoprenanzug in praller Sonne kann es zu einem Hitzestau kommen. Meist wird dieser durch die enganliegende Neoprenkleidung begünstigt, die eine Verdunstung und damit Kühlung des Körpers (Verdunstungskälte) verhindert. Hier hilft, den Anzug in regelmäßigen Abständen kurz zu „fluten". Auf dem Weg von und zum Schnorchelplatz sollten wir eine Kopfbedeckung tragen. Auch hiermit kann einem Sonnenstich oder Hitzschlag vorgebeugt werden.

Ein Neoprenanzug schützt natürlich vor dem allzu schnellen Auskühlen bzw. vor einer Unterkühlung, denn Wasser hat eine 25fach erhöhte Wärmeleitfähigkeit gegenüber Luft. Wir kühlen also im Wasser wesentlich schneller aus als am Strand. Mindestens 33 °C Wassertemperatur wären nötig, um die normale Körpertemperatur auf Dauer aufrechtzuerhalten. Wer ohne Neopren schnorchelt, sollte sich deshalb von Zeit zu Zeit am Strand aufwärmen, dabei aber die direkte pralle Sonne meiden.

Wichtig beim Aufenthalt in der Sonne ist die Flüssigkeitszufuhr. Um unsere Körpertemperatur im Körperkern auf 37 °C konstant zu halten, muß bei einer höheren Wärmebelastung von außen der Körper gekühlt werden. Wir schwitzen! Dieser Wasserverlust, der bei hohen Temperaturen und körperlicher Anstrengung mehrere Liter Wasser betragen kann, muß ausgeglichen werden. Daher sollte man immer kontrolliert und ausreichend trinken, mindestens 3 Liter Mineralwasser am Tag! Das reine Durstgefühl reicht nicht aus! Ausreichende Flüssigkeitszufuhr hilft auch, leichte Symptome wie Übelkeit, Durchfall und Kopfschmerzen in den ersten Tagen des Urlaubs, wo wir uns an das warme Klima gewöhnen, zu verhindern.

*Großer Roter Drachenkopf
(Scorpaena scrofa)*

Himmelsgucker (Uranoscopus scaber)

Buntes Petermännchen (Trachinus draco)

Biß- und Stichverletzungen

Im Wasser können wir uns an einigen Tieren verletzen, sofern wir sie berühren oder uns unachtsam an einem Fels abstützen und dabei z. B. in einen Seeigel greifen. Aktiv gefährlich werden nur ganz wenige Tiere. Hierzu zählen sicherlich einige der Haiarten. Auch im Mittelmeer kommen Haie vor, doch sehr selten. Noch seltener wurde von Haiangriffen und Verletzungen durch Haie berichtet. Viel häufiger kommt es vor, daß wir uns beim Schnorcheln an Tieren verletzen, die zum Beispiel im Sand leben. Hierzu zählen das Petermännchen und der Himmelsgucker. Sie besitzen Giftstacheln in den Rückenflossen bzw. am Kiemendeckel. Durch ihre halbeingegrabene Lebensweise sind sie nur schwer zu erkennen. Zur Vermeidung solcher Stichverletzungen hilft nur das Tragen von Badeschuhen oder das Schnorcheln bereits im flachen Wasser über Sandgrund. Weitere Vertreter der Fische mit Giftstacheln sind die Drachenköpfe. Diese bevorzugen mit Algen bewachsene Felsen. Beim Abstützen sollten Sie sich also vorher vergewissern, daß sich kein Drachenkopf auf dem Felsen versteckt hat. Oder besser – auch aus ökologischen Gründen – nur blanke Stellen am Fels zum Festhalten nutzen.

Im Bereich des östlichen Mittelmeeres begegnen Sie tagsüber im offenen Wasser den Kaninchenfischen, wo sie meist paarweise auftreten. Hier wird es Ihnen nur selten, wenn überhaupt, gelingen, diesen Fischen näherzukommen. Sie sind sehr scheu. Doch nachts treffen Sie diese Art am Boden, häufig an kleine Felsen oder Steine angelehnt beim Schlafen. Sie haben ihre Färbung geändert: Tagsüber sind sie einheitlich dunkelgrün gefärbt, nachts – quasi im

Schlafanzug – sind sie hell gefleckt. Nicht anfassen! Sie besitzen Giftstacheln an Rücken und Bauchflossen. Außerdem wird durch die Berührung die schützende Schleimschicht des Fisches geschädigt!

Auch Seeigel halten sich an bewachsenen Felsen auf, sind es doch ihre „Weidegründe", wo sie ausreichend Nahrung finden. Meist sieht man diese ja schon frühzeitig. Doch so mancher Vertreter der Seeigel tarnt sich, indem er sich Muschelschalenreste und Pflanzen- und Algenreste auf die Schale packt. Damit erkennen Sie ihn erst, wenn es weh tut. Doch dies ist nicht so schlimm, wenn Sie sich nicht gerade in einen Seeigel gesetzt oder gekniet haben, also eine ganze Reihe von Seeigelstacheln erwischt haben. Den einzelnen Seeigelstachel gilt es nun zu entfernen. Dies ist nicht so einfach, da die Stacheln mit Widerhaken bewehrt sind. Haben Sie eine Spritzenkanüle mit ausreichendem Durchmesser zur Hand, so kann man den Stachelrest quasi herausstechen. Aber es geht auch mit der herkömmlichen Methode einer Nadel. Sie sollten darauf achten, daß der Stachel vollständig entfernt wird! Eine Desinfektion und eventuell ein Tag „Schnorchel- und Badeverbot" unterstützen den Heilungsprozeß.

Wunderschön anzusehen sind gewisse farbenfrohe Borstenwürmer, die Sie frei auf dem Meeresgrund kriechend fast ausschließlich im östlichen Mittelmeer finden. Sie begegnen Ihnen im flachen Wasser, und so mancher Schnorchler hat schon seine Fitneß unter Beweis gestellt, indem er aus einigen Metern Tiefe einen Borstenwurm hochgeholt hat. Doch dies wird er nur ein einziges Mal tun: Der deutsche Name für diesen Borstenwurm ist nicht umsonst Feuerwurm. Sein Körper ist dicht besetzt mit feinen Borsten.

Feuerwurm (Hermodice carunculata)

Violetter Seeigel (Sphaerechinus granularis) mit Seegrasblättern bedeckt

Kaninchenfisch (Siganus luridus)

Leuchtqualle (Pelagia noctiluca)

Felsen können dicht mit nesselnden Hydrozoen bewachsen sein

Hydrozoenstöckchen

Diese bohren sich in die Haut und brechen ab. Auch sie besitzen, wie die Seeigelstachel, kleine Widerhaken. Doch im Gegensatz zu den Seeigeln sind es hier nicht zwei oder drei Stacheln, die wir in unserem Finger finden, sondern Hunderte. Diese zu entfernen ist nicht nur eine mühsame Aufgabe, sondern sie gelingt nie vollständig. Manchmal hilft ein stark haftendes Klebeband. Die Einstichstellen entzünden sich (Sekundärinfektion), sie jucken ohne Ende, und der schöne Urlaub kann dadurch stark beeinträchtigt werden. Für den rücksichtsvollen Schnorchler ist also nur die zufällige Berührung gefährlich. Hier hilft wieder, vorher zu schauen und sich erst dann abzustützen!

Nesselverletzungen

Auch zur Vermeidung von Nesselverletzungen ist dieser Ratschlag gültig: Erst schauen, dann bewegen. Ein gelegentlicher Rundumblick hilft, beispielsweise Quallen frühzeitig zu erkennen. Quallen besitzen in ihren langen Tentakeln Nesselzellen, die sie zum Beutefang einsetzen. Berührt ein Beutetier diese Tentakel, so werden die Nesselkapseln abgeschossen und lähmen die Beute. Diese wird anschließend zum Mund geführt und im Magen-Darm-Raum verdaut. Auch bei der Berührung durch einen Schnorchler läuft diese Nesselreaktion ab. Manche Nesselkapseln durchdringen unsere Haut, andere nicht. So läßt sich vereinfacht die unterschiedlich starke „Vernesselung" bei unterschiedlichen Tieren erklären. Analog zu den Feuerwürmern kennen wir bei den Nesseltieren auch eine Feuerqualle, deren Nesselkapseln nicht nur gewaltig brennen, sondern bisweilen zu sehr schlecht heilenden Wunden führen können. Bei Kontakt mit Nesseltieren bleiben häufig Tentakelreste an der Haut hängen. Diese müssen entfernt werden! Dazu sollte ein Helfer Handschuhe tragen und Meerwasser verwenden. Alkohol oder Salmiaklösung, wie meistens empfohlen, hat bei mikroskopischen Untersuchungen ebenso wie Süßwasser zur sofortigen Explosion der Nesselkapseln und zum Ausschleudern der Nesselfäden geführt. Zur weiteren Behandlung Brandgele oder Cremes mit Antihistaminika auftragen.

Weitere Nesselverletzungen können Sie sich bei den Anemonen zuziehen. Aber auch hier sind es die eher zufälligen Berührungen, die uns Menschen beeinträchtigen können. Sind Anemonen wie Quallen eigentlich nicht zu übersehen, so trifft dies für die Hydrozoenstöckchen nicht unbedingt zu. Dies sind kleine „Federn", die auf den Felsen stehen und eigentlich nicht beachtet werden, bis es anfängt zu jucken. Meist sind es aber eher harmlose Vernesselungen, die nach wenigen Stunden bis einem Tag wieder vergessen sind.

Fisch- und Muschelvergiftungen

Doch mit dem Ablegen der ABC-Ausrüstung sind die Gefahren des Meeres noch nicht vorbei. Es lauern noch sogenannte „Genußgifte" auf uns. Wir meinen nicht den allabendlichen Alkoholgenuß, dies mag jeder selbst entscheiden. Hier geht es um Gifte, die von verdorbenen Muscheln oder Fischen ausgehen.

Aber nicht nur verdorbene Meeresfrüchte stellen eine Gefahr dar. Auch frische Muscheln können vergiftet sein. Dabei handelt es sich um das Werk kleiner Algen (Dinoflagellaten), die Gifte (Toxine) produzieren, welche dann wiederum von den Muscheln eingesaugt werden. Die Muscheln ihrerseits reichern die Gifte an, und somit werden sie für den Men-

Wachsrose (Anemonia sulcata)

Riesiges Wachsrosen-Feld (Anemonia sulcata)

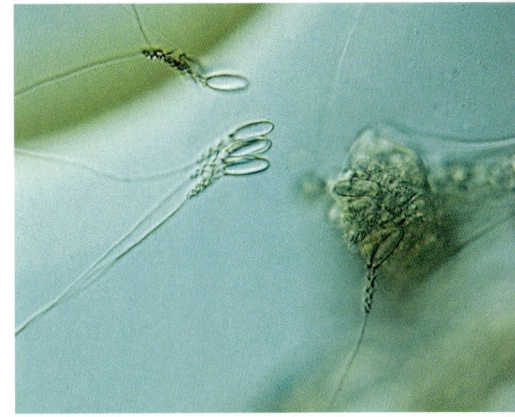

Nesselzellen eines Hydrozoen-Stöckchens

Gesundheitstip

Fisch sollte immer direkt vom Eis weg gekauft werden. Ein Blick hinter die Kiemendeckel gibt bei Unsicherheit immer Klarheit. Die Kiemen sollten tiefrot sein!
Bei Miesmuscheln z. B. müssen die Tiere beim Kauf immer fest verschlossen sein, und erst nach dem Kochen dürfen sich die Schalen geöffnet haben. Muscheln, die sich auch dann nicht geöffnet haben, auf keinen Fall verzehren!

schen gefährlich. Den Muscheln sieht man es leider nicht an, ob sie solche Toxine enthalten. An den europäischen Küsten werden allerdings gerade die Miesmuscheln regelmäßig daraufhin überprüft.

Nach einem Fisch- oder Muschelgericht sollte man Anzeichen von allgemeiner Übelkeit ernst nehmen. Nicht lange überlegen, sondern mit allen Mitteln versuchen, den Magen durch Erbrechen zu entleeren! Also Finger in den Mund, Milch oder Rizinusöl trinken oder Brechmittel in der Apotheke holen! Anschließend Arzt aufsuchen!

Fischernetze und Leinen

Noch ein Hinweis: Sehr oft kann man einheimische Fischer beobachten, wie sie in ihren kleinen Booten sitzen und den gefangenen Fisch putzen. Die Reste werfen sie über Bord. Unter den Booten erwartet die dort vorbeikommenden Tiere ein reichgedeckter Tisch. Auch wenn es auf den ersten Blick nicht sehr appetitlich aussieht, Sie werden dort eine Menge von „Gästen" beobachten können, die sich hier bedienen. Also ein idealer Schnorchelplatz! Leider nicht ganz ungefährlich, denn Sie müssen hier ganz besonders auf die Anker- und Festmacherleinen achten und möglichen Bootsverkehr im Auge haben. Hier ist also erhöhte Wachsamkeit geboten, doch es lohnt sich!

Erhöhte Vorsicht sei auch angemahnt, wenn Sie kleinen Styroporstücken mit Fähnchen begegnen. Dabei handelt es sich meist um die Markierung eines Fischernetzes (Treib- oder Stellnetz). Sind Sie dieser Markierung schon sehr nahe, so sollten Sie versuchen, mit den Händen rückwärts zu rudern. Nicht in Rückenlage versuchen wegzuschwimmen! Häufig erwischt man dabei das Netz mit der Flosse und bleibt erst recht darin hängen. Also Ruhe bewahren und mit den Händen rückwärts rudern. Auch hier gilt: Durch einen Rundumblick nach Netzen sicherstellen, daß weder ein Treibnetz noch ein Stellnetz unseren Schnorchelausflug behindert.

An all den Beispielen erkennen Sie, daß vorsichtiges und umsichtiges Schnorcheln dazu beiträgt, die möglichen Gefahren frühzeitig zu erkennen und somit erst gar nicht verletzt zu werden.

Das heutige Mittelmeer besteht aus zwei Becken

Jahr für Jahr zieht es Millionen von Touristen ans Mittelmeer, auf der Suche nach strahlend blauem Himmel, verbunden mit reichlich, ja manchmal vielleicht zuviel Sonne, Sandstränden, einsamen Buchten und klarem, blauem Wasser. Für viele Urlauber geht damit ein Traum in Erfüllung: Urlaub am Meer! Doch welche Geschichte verbirgt sich hinter dem heutigen Mittelmeer, wie ist es entstanden? Gibt es Unterschiede zwischen westlichem und östlichem Mittelmeer? Was erwartet uns unter Wasser? Diesen Fragen wollen wir etwas auf den Grund gehen.

Spricht man vom Mittelmeer, so ist jedem klar, daß damit das Meer zwischen Europa, Afrika und Asien gemeint ist. Strenggenommen handelt es sich um das europäische Mittelmeer. Aus ozeanographischer Sicht ist beispielsweise auch die Ostsee ein Mittelmeer.

Das europäische Mittelmeer – im folgenden einfach Mittelmeer genannt – erstreckt sich von Gibraltar im Westen bis zum Bosporus im Osten auf einer Länge von ca. 4 000 Kilometern. In Nord-Süd-Richtung ist man an keinem Punkt mehr als 400 Kilometer vom Festland entfernt. Es hat eine Fläche von etwa 2,8 Millionen Quadratkilometern und ein Volumen von knapp 4 Millionen Kubikkilome-

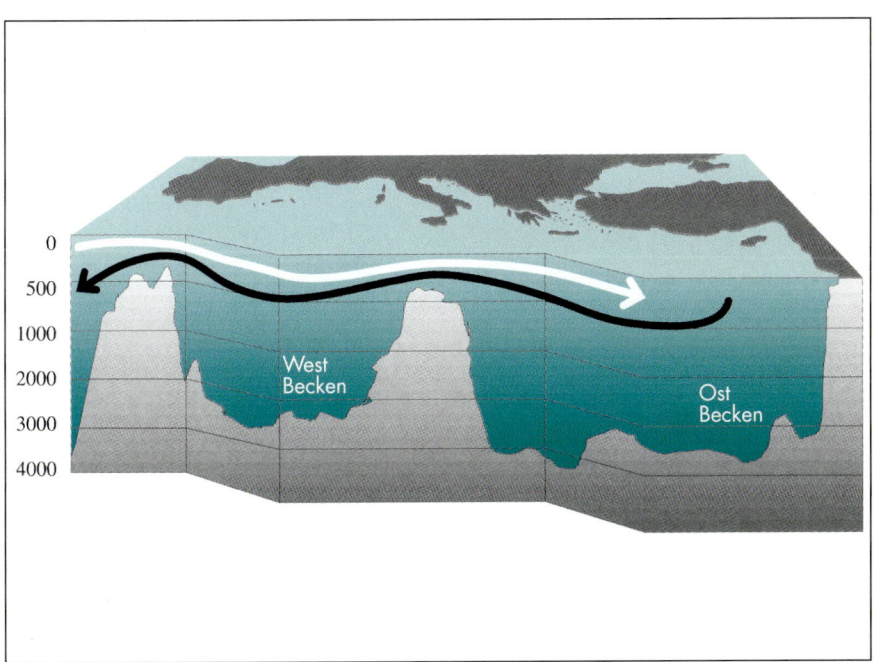

Schematische Darstellung der heutigen Mittelmeersituation

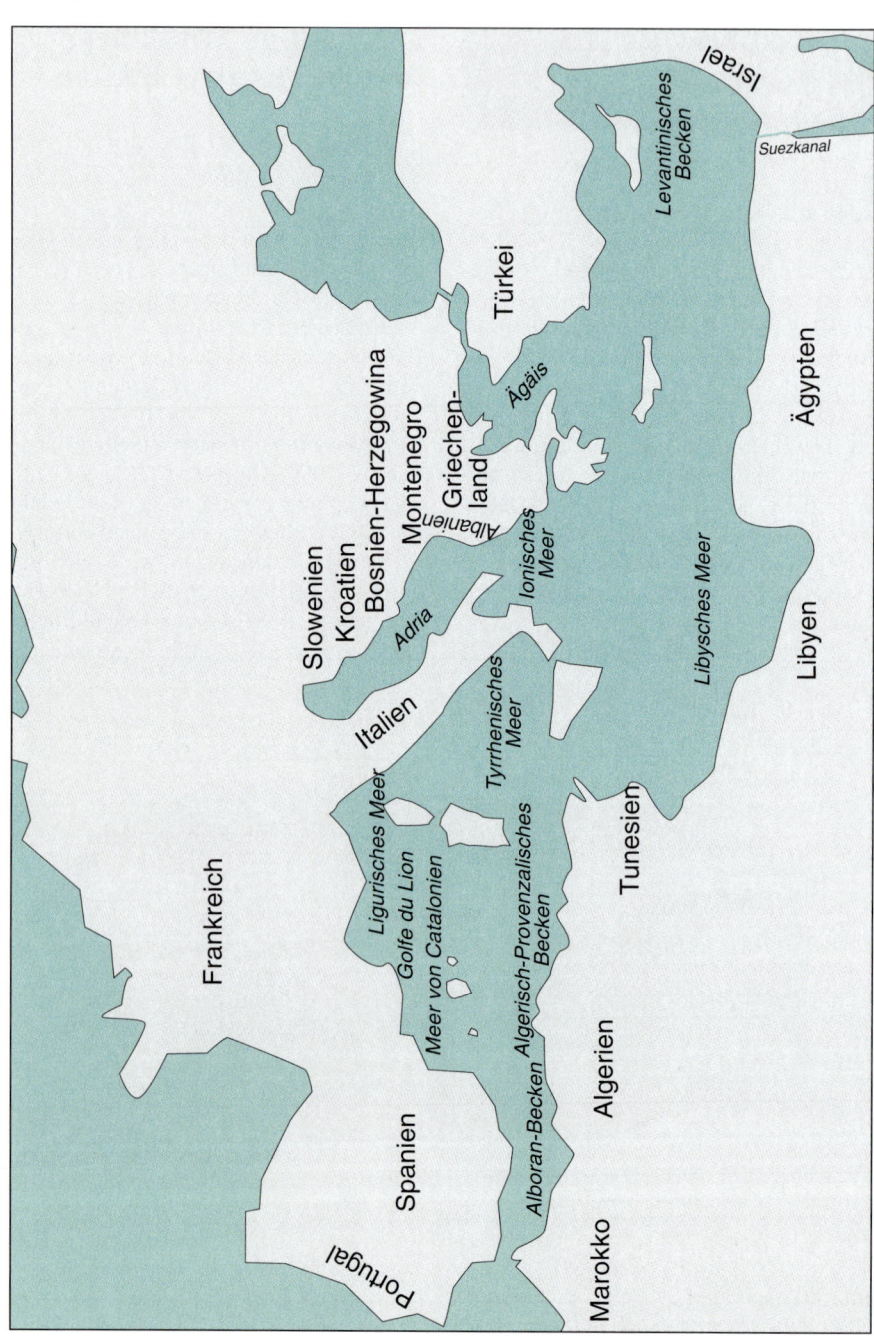

tern. Die größte Tiefe liegt bei 5120 Meter. Mit knapp 25000 Kilometern besitzt das Mittelmeer eine recht lange Küstenlinie.

Betrachten wir nun das gesamte Mittelmeer auf der Landkarte, so erscheint es auf den ersten Blick als mehr oder weniger einheitliches und zusammenhängendes Meer mit unzähligen, mehr oder weniger großen Becken und Buchten. Eine genauere Betrachtung z. B. mittels einer Strömungs- oder Tiefenkarte macht klar, daß es sich eigentlich um zwei Becken handelt – ein östliches und ein westliches. Getrennt werden diese beiden Bereiche durch ein unterseeisches Gebirge zwischen Tunesien und Sizilien. Häufig wird dieser Tiefseerücken als „seichte Sizilienschwelle" bezeichnet.

Das Westmediterran

Durch die Straße von Gibraltar ist das Mittelmeer mit dem Atlantik verbunden, der hier im westlichsten Teil entsprechend den größten Einfluß auf die vorherrschenden Strömungen und somit auch auf die Tier- und Pflanzenwelt ausübt. Dazu jedoch später mehr. An die Straße von Gibraltar, zwischen Spanien und Marokko, schließt sich das Alboranbecken an, mit nur etwas mehr als 1000 Meter Tiefe ein relativ flaches Gebiet. Darauf folgt nach Osten das etwa 3000 Meter tiefe Algerisch-Provenzalische Becken, welches sich bis zu den Balearen erstreckt. Im Norden setzt sich das westliche Becken mit dem Meer von Katalonien, dem Golfe du Lion über das Ligurische Meer zwischen Italien und Korsika bis zum Tyrrhenischen Meer fort, das seinerseits von Sardinien, Sizilien und Italien umgeben ist. Dieser Bereich ist nicht nur der tiefste Teil des Westmediterrans, sondern zählt zu den artenreichsten Gebieten des gesamten Mittelmeeres.

Der östliche Teil

Hier lassen sich fünf Bereiche unterscheiden. Zwischen der Küste Libyens und der Insel Kreta erstreckt sich die südlichste und subtropische Zone, das Libysche Meer. Dieses trennt das Ionische Meer vom Levantinischen Becken. Das Ionische Meer, umgeben von den Küsten Griechenlands und der Türkei, bildet quasi den zentralen Teil des östlichen Mittelmeers. Hier erreicht das Mittelmeer mit 5121 Metern Tiefe seinen Maximalwert. Nordwestlich bzw. nordöstlich an das Ionische Meer schließen sich die wohl bekanntesten Teilmeere des Mittelmeers an, die Adria und die Ägäis. Bedingt durch sehr flache Bereiche und einen hohen Nährstoffeintrag, unterscheidet sich die Adria hinsichtlich Fauna und Flora deutlich von den anderen Bereichen. Dies trifft auch für den fünften Teil, das Levantinische Becken zu. Hierzu zählen die östlichsten Bereiche vor den Küsten Ägyptens, Israels, des Libanons und Syriens. Durch den Bau des Suezkanals und den dadurch ermöglichten Austausch an Wasser und Lebewesen befindet sich dieser Teil in einer ständigen Veränderung. Schätzungen gehen von über fünfhundert neuen Pflanzen- und Tierarten aus, die den Weg über den Suezkanal ins östliche Mittelmeer gefunden haben und sich hier sichtlich wohl fühlen.

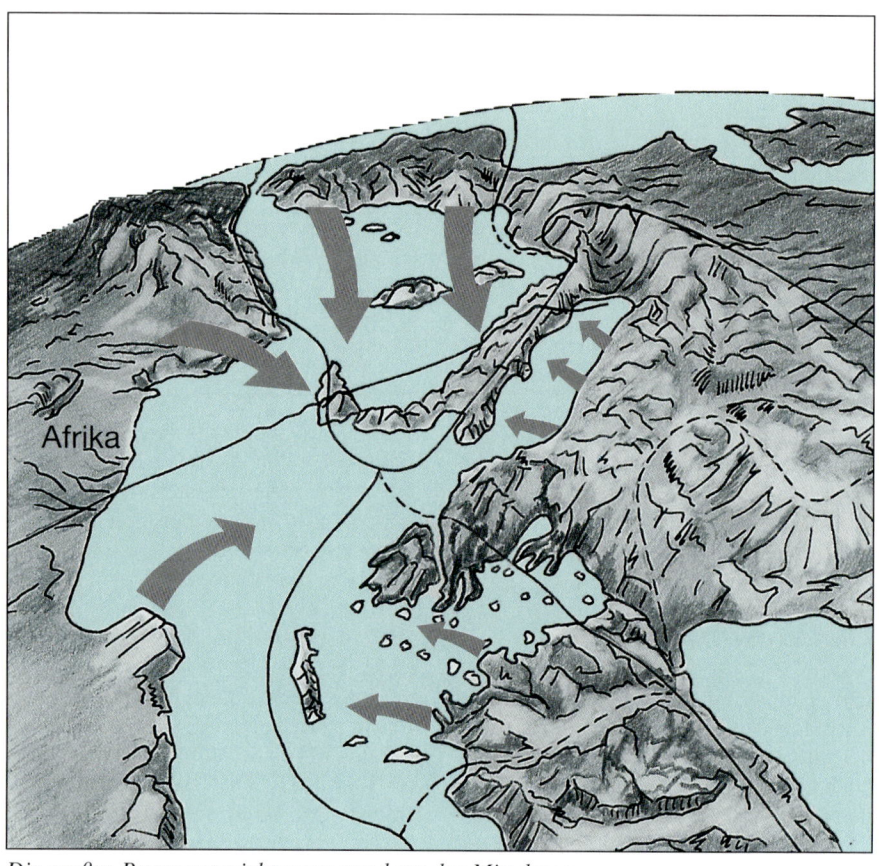

Die großen Bewegungsrichtungen rund um das Mittelmeer

Kurze Entstehungs- geschichte

Um die Entstehung des Mittelmeers zumindest im groben nachvollziehen zu können, bedarf es eines kurzen Ausfluges in die Welt der Ozeanographen und Geologen. Diese wissenschaftlichen Disziplinen haben in den vergangenen 40 Jahren eine erstaunliche Datenmenge zur Geschichte des heutigen Mittelmeeres zusammengetragen. Grundlagen

dafür waren die Vorstellungen über die Kontinentalverschiebungen, die Alfred Wegener, ein aus Berlin stammender Naturforscher, 1912 erstmals vortrug. Seine wichtigste Erkenntnis war, daß bei genauer Betrachtung der heutigen Kontinentalränder diese quasi wie ein Puzzle zueinander passen. Es muß also irgendwann vor langer Zeit ein riesiger Kontinent existiert haben, der in Teile zerbrach; diese drifteten auseinander und bildeten so die heutigen Kontinente.

Die Theorie der Kontinentaldrift

So einfach und aus heutiger Sicht plausibel, wie sich diese Theorie anhört, so schwierig war aber der Weg zur wissenschaftlichen Akzeptanz. Wegeners Theorie wurde allgemein abgelehnt und verlacht. Aufwendige und kostspielige Forschungsunternehmen waren notwendig, Wegeners Theorie zu bekräftigen. Erst in den siebziger Jahren erfolgte die allgemeine Anerkennung, die sich wie folgt zusammenfassen läßt: Die heutige feste Erdkruste besteht aus sieben großen und etwa 18 kleinen Platten, die auf der flüssigen Oberfläche des Erdmantels wie Eisschollen dahindriften. Angetrieben werden sie dabei von mittelozeanischen Rücken. Aufsteigendes Magma erstarrt und schiebt die aufgebrochenen ozeanischen Platten auseinander. Nun wird allerdings der Erdball nicht größer. Das heißt, irgendwo muß Material verschwinden. Dies geschieht an den Rändern der großen Kontinentalschollen. Diese Bereiche des Untertauchens werden als Subduktionszonen bezeichnet. Bleibt die Frage, mit welcher Geschwindigkeit diese Drift geschieht? Im Bereich des mittelatlantischen Rückens werden drei Zentimeter pro Jahr angegeben. Für die ostpazifische Schwelle sind es 12 Zentimeter pro Jahr! Eine enorme Zunahme, wenn man bedenkt, daß unsere Fingernägel durchschnittlich nur etwa 7 Zentimeter pro Jahr wachsen. Entscheidend für die Entstehung des Mittelmeeres war die Bildung des Atlantiks. Auf unserem Planeten bestand lange Zeit ein großer, zusammenhängender Superkontinent, die „Pangäa", quasi eine Gesamterde. Als dieser vor ca. 200 Millionen Jahren zerbrach, entstand ein zentrales Mittelmeer, die Tethys. Dieses Urmeer erstreckte sich vom heutigen Atlantik bis zum Stillen Ozean, was sich heute anhand von Fossilfunden nachvollziehen läßt. Begrenzt wurde es im Norden durch Laurasien, im Süden durch Gondwanaland.

Bewegungen der afrikanischen Scholle gegen die europäische bewirkten ein Abtrennen des Mittelmeers vom Atlantik im Westen, später auch im Osten. Hier entstand der Indische Ozean. Dieser enorme, durch die Kontinentalverschiebung verursachte Druck führte zur Erhebung von Bergketten: Die Alpen, das Atlasgebirge falteten sich auf, ebenso der Himalaja. Damit war ein in sich abgeschlossenes Mittelmeer entstanden. Bereits damals hing also das Mittelmeer vom Gleichgewicht seiner Zu- und Abflüsse ab. Durch gleichzeitiges Absenken des Meeresspiegels und Anheben des Bodens wurden die Zuflüsse unterbrochen. Dies führte zu einem allmählichen Absinken des Wasserspiegels im Mittel-

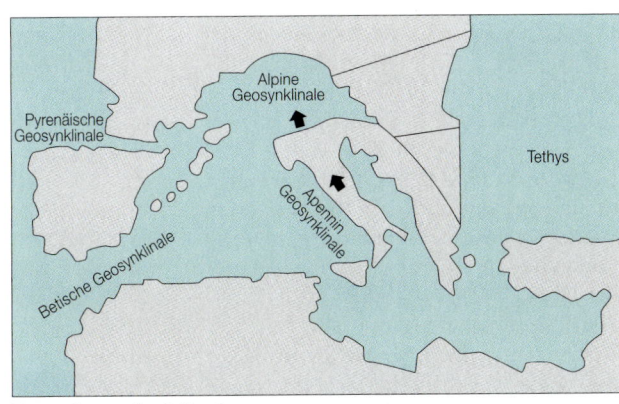

Entstehung des Mittelmeeres

meer. Zurück blieben ausgedehnte Wüsten und größere Lagunen mit unterschiedlichem Salzgehalt. Diese Entwicklung dauerte bis vor etwa 6 Millionen Jahren. Erkannt wurden diese Zusammenhänge etwa vor 20 Jahren durch ein internationales Tiefsee-Bohrprogramm mit dem speziell dafür ausgerüsteten Schiff „Glomar Challenger".

Vor rund 5 Millionen Jahren öffnete sich die Straße von Gibraltar – wahrscheinlich verursacht durch ein gewaltiges Erdbeben. Riesige Wassermassen ergossen sich ins Mittelmeer und begannen, es wieder aufzufüllen. Mit den Wassermassen kamen neue Lebewesen ins Mittelmeer – aus dem Atlantik. So kann man davon ausgehen, daß es sich bei der heutigen Flora und Fauna um Organismen aus dem Atlantik handelt. Ausnahmen bilden die über den Suezkanal eingewanderten Arten. Wie groß die damals einfallenden Wassermassen wirklich waren, bleibt spekulativen Berechnungen vorbehalten. So spricht man von der zigtausendfachen Menge der Niagarafälle, die sich damals ins Mittelmeer stürzte. Es soll mehrere hundert Jahre gedauert haben und verursachte eine allgemeine Absenkung des Meeresspiegels um 10–20 Meter.

In jüngster Zeit, also in der Zeit seit der letzten Eiszeit, ist der Meeresspiegel des Mittelmeeres um 80–100 Meter angestiegen. Vor etwa 18 000 Jahren lag der Meeresspiegel um gut 100 Meter tiefer. Unvorstellbare Mengen an Wasser waren in Eis gebunden. Elba und Sizilien waren mit dem Festland verbunden, ebenso Sardinien mit Korsika. Aber nicht nur der Anstieg des Wasserspiegels veränderte die Besiedlung des Mittelmeeres. Auch unterschiedliche Strömungen vor der Straße von Gibraltar brachten Tiere und Pflanzen aus unterschiedlichsten Meeresgebieten ins Mittelmeer. Mal waren es Elemente aus den kalten nördlichen Gebieten, mal aus oberflächennahen, wärmeren subtropischen Gebieten. Fanden sie im Mittelmeer die für sie richtigen Bedingungen oder konnten sie sich den im Mittelmeer vorherrschenden Faktoren anpassen, bildeten sich fortpflanzungsfähige Populationen. Aus diesen vielfältigen Beziehungen zwischen abiotischen und biotischen Faktoren hat sich bis zum heutigen Zeitpunkt eine vielgestaltige Artengemeinschaft gebildet. So finden wir neben den atlantischen Elementen auch subtropische und indopazifische Vertreter sowie nur im Mittelmeer vorkommende, endemische Arten.

Wie geht es mit dem Mittelmeer weiter?

Die Verschiebung der Kontinentalplatten hält an, und es wird wieder ein Gesamtkontinent entstehen. Bis dahin soll es aber noch 250 Millionen Jahre dauern. Allerdings, so die Expertenmeinung, wird das Mittelmeer wesentlich früher durch das Verschmelzen von Afrika und Europa verschwinden – bereits in 100 Millionen Jahren.

Vielfach haben wir gesehen, wie sehr das Mittelmeer von dem Gleichgewicht seiner Zu- und Abflüsse abhängt. In diesem Zusammenhang ist die Tatsache interessant, daß sich die Gibraltarschwelle langsam anhebt. Erste Schätzungen gehen davon aus, daß – sollte sich dieser Vorgang fortsetzen – das Mittelmeer in drei Millionen Jahren erneut vom Atlantik abgetrennt ist. Doch zurück zur Gegenwart und der heutigen Tier- und Pflanzenwelt.

Violette Fadenschnecke (Flabellina affinis) auf einer Grünalge

Heutige Unterwasserwelt

Wenn Kinder beim Schnorcheln Fische und andere Tiere erleben können, dann sind sie schon von ihren Unterwasserabenteuern fasziniert. Auch Sie sollten sich diese kindliche Begeisterung bewahren. Doch wenn Sie beim Schnorcheln wirklich etwas erleben, erfahren und erkennen wollen, sollten Sie nicht nur die Technik des Schnorchelns beherrschen, sondern die wichtigsten Zusammenhänge im Meer kennen.

Wollen Sie die unterschiedliche Besiedlung und Artenzusammensetzung verstehen, so müssen Sie sich einige abiotische Faktoren – wie zum Beispiel Temperatur und Salzgehalt, um die wichtigsten zu nennen – anschauen. Wir haben Ihnen bereits über die Unterteilung in ein westliches Becken und ein östliches Becken berichtet. Getrennt werden beide Becken durch den unterseeischen Tiefseerücken zwischen Tunesien und Sizilien. Das westliche Becken weist einen Salzgehalt von ca. 3,6 % auf und Temperaturen, die im Winter nur wenig über 10 °C liegen. Dagegen ist das östliche Becken wesentlich wärmer und salzhaltiger. Wintertemperaturen liegen hier meist über 15 °C, und die Salinität erreicht in manchen Bereichen die 4 %-Marke.

Im westlichen Becken lassen sich wiederum kleinere Abschnitte gegeneinander abgrenzen, die sich durch ihre Tiere und Pflanzen voneinander unterscheiden. So finden wir im Alboranbecken zwischen Marokko und Spanien kaum typisch mediterrane Elemente, wie zum Beispiel die Weißen Gorgonien oder den Mittelmeerhaarstern. Hier treffen wir auf eine reichhaltige atlantische Fauna und Flora. Zu groß ist hier der Einfluß des Atlantiks. Typisch mediterrane Vertreter finden sich aber zum Beispiel vor der Westküste Italiens, auf den Inseln des Toskanischen Archipels. Hier begünstigen verschiedene Meeresströmungen die Ausbreitung von typischen, südlicheren Elementen wie den Kaurischnecken und verschiedenen Schwammarten. Weiter nördlich, im Bereich der südfranzösischen Küste, herrschen kalte Winter. Diese wiederum begünstigen atlantische Elemente. Am artenreichsten im westlichen Gesamtbecken ist ein Streifen von Spanien über die Balearen, weiter nach Korsika und Sardinien bis zu den bereits erwähnten Küsten Mittelitaliens. Hier herrschen milde Winter und damit höhere Wassertemperaturen vor, die für eine überwiegende Verbreitung typisch mediterraner Arten bis hin zu subtropischen Arten sorgen. So treffen wir auf große Vorkommen der Roten Gorgonien, die wir weiter im östlichen Mittelmeer vergebens suchen. Auch eine Steinkoralle mit orange-rötlichen Polypen kommt in reichen Beständen nur hier vor.

Im östlichen Becken des Mittelmeers finden wir vor den Küsten Ägyptens, Israels, des Libanons und Syriens Arten des tropischen und subtropischen Bereiches. Dieser Bereich befindet sich zudem in ständiger Veränderung durch neu hinzukommende Arten aus dem Roten Meer. Die Zahl der so ins Mittelmeer eingewanderten Arten wird auf über 500 geschätzt. Einer der ersten „Eindringlinge" war ein kleines Seegras, welches wir in ausgedehnten Beständen auch vor den Küsten der Türkei beobachten können. Allerdings werden wir, bedingt durch den hohen Salzgehalt und die höheren

Temperaturen, wesentliche Elemente des westlichen Mittelmeeres hier nicht vorfinden. Die Roten Gorgonien haben wir bereits erwähnt. Deutlich abgesetzt ist auch die Adria, die als flaches und überaus nährstoffreiches Becken eine für diese Bedingungen typische Fauna und Flora hervorgebracht hat. Hier gedeihen verschiedene Braunalgen sehr gut, die sonst im Mittelmeer nur selten angetroffen werden.

Für das Schnorcheln bedeutet dies, daß jeder Platz im Mittelmeer neue Organismen bietet und somit das Mittelmeer auch nach vielen Urlauben immer wieder für Überraschungen – was die zu beobachtende Tier- und Pflanzenwelt angeht – gut ist.

Strengstens verboten ist die Bergung und Mitnahme archäologischer Fundstücke.

Die Lebensräume des Meeres

Ozeane und Meere stellen eine gigantische und unvorstellbare Gemeinschaft von Mikroorganismen, Pflanzen und Tieren dar. Ihnen gemeinsam ist ihre Verbreitung im marinen Milieu. Verknüpfungen zu anderen Räumen, wie den Kontinenten oder dem Süßwasser, finden nur in äußerst seltenen Fällen durch einzelne Arten statt. So leben die Meeresvögel durchaus auch im Landesinneren, und die großen Meeresschildkröten sowie die Robben kommen zur Fortpflanzung für eine kurze Zeit an Land. Bestimmte Fischarten, wie der Lachs, vollbringen zur Durchführung ihres Laichgeschäfts lange, anstrengende Wanderungen im Süßwasser. In umgekehrter Richtung vollzieht sich dies beim Aal. Auf der anderen Seite sind keine wirbellosen Tiere bekannt, die sich im Meer entwickeln und anschließend auf dem Festland heimisch werden. Wir werden später noch sehen, welch widrige Bedingungen in dieser Übergangszone zwischen Meer und Land herrschen. Für den als recht abgeschlossen geltenden Bereich der Meere und Ozeane ist es dennoch äußerst schwierig, eine sinnvolle Einteilung zu treffen. Für den Rahmen dieses Schnorchelführers wollen wir zuerst die drei großen Bereiche Plankton, Nekton und Benthon unterscheiden. Anschließend wollen wir die einzelnen küstennahen Lebensräume anhand der dort vorherrschenden und sie prägenden Bedingungen näher betrachten.

Plankton

Unter diesem Sammelbegriff werden alle Organismen zusammengefaßt, die sich schwebend im Wasser aufhalten und die sich nicht aus eigener Kraft fortbewegen können. Sie werden also mit den Strömungen verdriftet. Zum Plankton gehören neben unterschiedlichsten Larvenstadien überwiegend mikroskopisch kleine Algen und Krebschen. Hieraus wird auch klar, daß wir es dabei mit dem Anfang der Nahrungskette zu tun haben: Mikroskopisch kleine Algen sind in der Lage, durch Ausnutzung des Sonnenlichtes (Photosynthese) energiereiche Verbindungen herzustellen. Sie ernähren sich selbst, sie sind autotroph. Die auch als Produzenten bezeichneten Pflanzen werden meist von größeren Pflanzenfressern gefressen, den Konsumenten. Diese wiederum werden von Raubtieren gefressen. Den Konsumenten ist gemein, daß sie genauso wie wir Menschen keine Photosynthese betreiben können, somit heterotroph sind.

Für uns Schnorchler ist das Plankton nur bedingt zu erkennen, da es, wie bereits erwähnt, zu klein ist. Aber auch größere Formen wie z. B. die Quallen werden zur Lebensgemeinschaft des Planktons gerechnet. Der einzelne Organismus wird als Plankter bezeichnet. Ihr Lebensraum ist im freien Wasser, dem Pelagial.

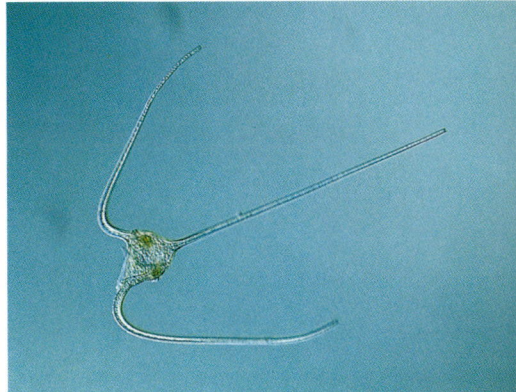

Panzeralge (Ceratium sp.)

Ausschnitt aus einer Salpenkette

Nekton

Hier im freien Wasser finden wir auch die Vertreter des Nektons, freischwimmende Tiere, die sich aktiv im Wasser bewegen und gegen Strömungen durchsetzen können. Typische Vertreter sind die großen Hochseefische wie Heringe,

Zum Plankton gehörende Spiegelei-Qualle

49

Makrelen, Thunfische oder Hornhechte. Auch die Meeresschildkröten gehören zum Nekton, genauso wie die Haie als Vertreter der Knorpelfische. Die größten Vertreter des Nektons stellen die Wale dar. Aus anderen Tiergruppen seien noch die Riesenkraken erwähnt.

Für den Schnorchler sind es zweifelsfrei die interessantesten Vertreter im für uns zugänglichen Raum. Überall, wo man hinschaut, sieht man Fische – große und kleine. Das Erkennen der Arten ist allerdings nicht ganz einfach und bedarf einiger Übung. Gerade die hier angesprochenen Bewohner des freien Wassers sieht man sehr häufig nur „von hinten", wenn sie davonschwimmen.

Leichter tun wir uns da schon mit „bodenständigen" Vertretern. Dazu gehört eine große Anzahl von Kleinfischen aus der Gruppe der Schleimfische. Bei ihnen hat man etwas mehr Zeit, sich Körperform, Farbe und Flossen zu merken.

Benthon

Und damit sind wir bereits im Lebensraum der bodenbewohnenden Meeresorganismen (Benthon) angekommen, dem Benthal. Dieses erstreckt sich von der Spritzwasserzone über die Gezeitenzone bis hinunter zu den Tiefseegräben. Für uns als Schnorchler sind allerdings nur einige wenige Meter zugänglich. Keine Angst, auch in den wenigen Metern über und unter Wasser, die Sie beschnorcheln, gibt es genügend zu beobachten und zu bewundern. Doch bevor wir uns den Schnorchelgründen – der Spritzwasserzone, der Gezeitenzone, dem oberen Blockgrund, dem Sandboden sowie der Seegraswiese – zuwenden, soll hier noch die Verknüpfung der marinen Systeme untereinander betrachtet werden.

Verknüpfungen der einzelnen Lebensräume

Als Meeressäuger verbringt der Delphin seinen gesamten Lebenszyklus im freien Wasser, dies schließt auch die Entwicklung der Jungtiere mit ein. Delphine gehören also ihr gesamtes Leben lang dem Nekton an. Solche Lebensweisen werden auch im Plankton beobachtet. Alle Entwicklungsstadien der Feuerqualle beispielsweise finden im Plankton statt. Solche Organismen werden als Holoplankter bezeichnet, daß heißt, sie sind zeitlebens Plankter.

Aber es gibt auch Formen, die zwei Lebensgemeinschaften verknüpfen.

Betrachten wir zuerst ein Beispiel der Verknüpfung zwischen Nekton und Plankton: Die Eier und die Larven des Schwertfisches findet man im Plankton, junge und erwachsene Schwertfische jedoch werden definitionsgemäß zum Nekton gerechnet. Solche Organismen werden häufig auch als Meroplankter bezeichnet, das heißt, sie bleiben nicht zeitlebens Plankter. Auch bei den Bodenbewohnern gibt es über die Larvenstadien Verknüpfungen zum Plankton. So werden bei sehr vielen wirbellosen Tieren Eier und Spermien ins freie Wasser abgegeben, wo auch ein Teil der weiteren Entwicklung stattfindet. Somit zählen sie zum Plankton. Ab einem bestimmten Larvenstadium setzen sie sich fest und entwickeln sich zu den typischen Benthonorganismen, sei es festsitzend oder mobil. Beispiele hierfür sind Hydromedusen, die eine festsitzende Polypengeneration und eine freischwimmende Medusengeneration aufweisen. Bei den Stachelhäutern, wie z. B. den Seesternen,

Seepocken und Napfschnecken widerstehen der Brandung bestens

Napfschnecken raspeln die Algen von den Felsen

Einsiedlerkrebs in seinem Turmschnecken-Haus

finden sich ebenfalls die frühen Entwicklungsstadien im freien Wasser als Plankter, ab der Metamorphose einschließlich der adulten Tiere sind sie typische Bewohner des Benthons.

Wie bereits erwähnt, läßt sich der Bereich des Benthons vertikal unterteilen. Beginnend vom höchstgelegenen Biotop der Meeresküsten, der Spritzwasserzone (Supralitoral), gelangt man über die durch die Wellenbewegung der Gezeiten bestimmte Gezeitenzone (Eulitoral) in die Zone, die ständig mit Wasser bedeckt ist (Sublitoral). Darin finden Sie typisch geformte und ausgestattete Lebensräume wie den Sandboden, den Blockgrund und die Seegraswiesen.

Spritzwasserzone und Gezeitentümpel

Sie nähern sich schnorchelnd einer Felsenküste. Es lohnt sich, zuerst einen Blick nach oben zu werfen, also über die Hochwasserlinie hinweg. Hier kommt nur gelegentlich Wasser hin, meist in Form von Spritzern oder hochfliegenden Gischtwolken. Ökologisch bestimmende Faktoren sind hier Trockenheit, Wärme, Aussüßung und am wichtigsten: der Wechsel zwischen diesen Bedingungen. Wir haben es hier wirklich mit einem extremen Lebensraum zu tun, denn in der Hitze trocknen die Felsen vollständig aus, und bei Regen überspült Süßwasser diesen Bereich. Das gleiche geschieht mit den seichten Tümpeln, die sich in Felsmulden bilden. Gerade in solchen Tümpeln werden extreme Werte erreicht: Der Salzgehalt reicht aus, um „auszublühen", die Temperaturen steigen leicht über 35 °C, und bei Regen stellt sich eine sehr niedrige Salinität ein.

Für festsitzende Organismen bleibt da
nur die Entwicklung wirkungsvoller Me-
chanismen, die hier ein Überleben garantieren. Ein Überleben zwischen Luft und
Wasser, trocken und feucht, glühendheiß
und kühl, hochsalzig und brakkig. Zugegeben,   keine   leichte   Aufgabe!
Typische Vertreter, denen Sie hier begegnen, sind die Napfschnecken und die
Seepocken. Diesen Vertretern ist eine
festsitzende (sessile) Lebensweise gemeinsam. Sie können sich also bei Ver-
schlechterung der Lebensbedingungen
nicht einfach auf und davon machen.
Wichtig ist natürlich der feste Halt. Die
Napfschnecken und Seepocken sind
durch ihre flachkegelförmigen Gehäuse
ideal dafür geschaffen: Eine große
Grundfläche erhöht die Haftung, und das
kegelförmige und flache Gehäuse hat
nur einen geringen Widerstand. Die Seepocken und Napfschnecken sind in der
Lage, ihre Schalen wasserdicht zu ver-
schließen. Sie laufen somit nie leer und
behalten eine kleine Restwassermenge
in ihren Schalen zurück.

Zu den typischen Vertretern der vagilen,
also herumlaufenden Tiere gehören in
diesem Bereich die Strandasseln. Sie
ziehen sich sowohl bei Wellengang als
auch bei Trockenheit in kleine Felsspalten zurück, die noch kleinste Mengen
von Wasser führen. Dies reicht aus, damit die empfindlichen Kiemen nicht austrocknen. Bei noch größerer Trockenheit
sind sie zudem in der Lage, in tiefere Bereiche, in die Nähe des Wasser, auszu-
weichen. Felskrabben lassen sich nur für
kurze Zeit in den trockenen Bereichen
der Spritzwasserzone blicken. Sobald
die Wassermenge für ihre Kiemen knapp
wird, laufen sie ins Wasser zurück.

Verweilen Sie noch ein bißchen mit dem
Blick in der Spritzwasserzone und
schauen etwas genauer in einen Gezei-

tentümpel. Hier entwickeln sich Grün- und Rotalgen, wir sehen Felsengarnelen hüpfen und Strandschnecken die Wasserlinie säumen. Doch diese Verteilung ist nicht einfach rein zufällig. Bei etwas tieferen Tümpeln können Sie deutlich eine Zonierung erkennen. Sie finden die Grünalgen vermehrt in den obersten Schichten, die Rotalgen etwas tiefer. Auch treffen Sie gelegentlich auf Seeigel. Die Krabben und Garnelen verstecken sich geschickt in den Algen, während die Strandschnecken am Wasserrand zu finden sind. Hier lassen sich also auf eine bequeme Art und Weise bereits wichtige Grundsätze der Besiedlung mariner Lebensräume beobachten. Gezeitentümpel bieten also für den Schnorchler gewissermaßen einen Blick in tiefere Bereiche des Meeres.

Gezeitenzone

Manchmal wird diese Zone auch als Brandungszone bezeichnet. Hier kommt die tosende Naturgewalt noch viel deutlicher zum Ausdruck. Zwei Faktoren bestimmen im wesentlichen diesen Bereich: der Wellenschlag und der Rhythmus der Gezeiten. Die Gezeiten im Mittelmeer sind allerdings nicht mit denen des Atlantiks zu vergleichen. Nur wenige Zentimeter bis maximal einen halben Meter betragen die Wasserstandsdifferenzen zwischen Niedrigwasser und Hochwasser. Allerdings kann die Brandung enorme Wellen erzeugen. Wer hier überleben will, muß sich festhalten können und den Wellen wenig Widerstand entgegensetzen, zudem auch ein Trockenfallen vertragen. Organismen, die solche Voraussetzungen erfüllen, finden Sie in vielen Tiergruppen, angefangen bei den Schwämmen, über die Nesseltiere, die Krebstiere und Stachelhäuter bis hin zu den Fischen.

Auffallend sind hier aber zuallererst einmal kleine Absätze, die ins Wasser ragen und die offensichtlich aus Kalk aufgebaut sind. Es handelt sich um sogenannte Trottoirs, die von Kalkrotalgen gebildet werden und typisch für den Übergang Luft/Wasser sind. Je nach Wellenenergie sind sie unterschiedlich in der Größe. Auch treffen wir auf bereits alte Bekannte, die Seepocken und die Napfschnecken. Beide kommen hier in größerer Anzahl vor, teilweise regelrechte Gürtel bildend. Auch zahlreiche Grün-, Braun- und Rotalgen finden wir hier. Sie verleihen diesem Bereich einen farbenprächtigen Ausdruck. Aber auch für die Algen gilt, sich gut festzuhalten. Mit ihren wurzelförmigen, flach ausgezogenen Haftorganen krallen sie sich auf den Felsen fest; ihr meist bäumchenartiger Aufbau in Stämmchen und verbreiterte Krone senkt den Widerstand und damit die Angriffsfläche für die Wellen. Gleichzeitig zeichnen sich die Algen durch eine hohe Zugfestigkeit aus, das heißt, sie sind sehr elastisch.

Wer sich hier in der Brandungszone frei bewegt, hat nur zwei Möglichkeiten: entweder, sich äußerst gut festzuhalten, oder zwischen den „Algenwäldern" umherzukriechen, quasi deren Deckung auszunutzen. Beide Strategien lassen sich beobachten. So sind Einsiedlerkrebse und Krabben in der Lage, sich blitzschnell festzuhalten. Kleine Schleimfische bevorzugen ausgediente, leere Schneckengehäuse oder Wurmröhren. Verlassen sie diesen geschützten Platz, so suchen sie die Deckung kleiner Ritzen und Spalten sowie die der Algen, um nicht weggespült zu werden. Ein faszinierendes Schauspiel, das sich lohnt, etwas länger zu beobachten. Von diesem

Kalkalgen bilden mächtige Trottoirs aus.

Die Pferdeaktinie kann längere Zeit ohne Schaden trockenfallen.

Gehäuseschnecken finden sich in kleinen Kuhlen.

55

*Trichterförmige Braunalgen
(Padina pavonia)*

Braunalgen bilden dichte Rasen aus.

*Kalkrotalgen sind wichtige
Verfestigungselemente.*

„Wiegen" in der Brandung und dem geschickten Ausnutzen der Welle kann jeder Schnorchler noch etwas lernen.

Auch Vertreter der Nesseltiere haben wir bereits für diesen Bereich aufgezählt. Wir finden hier die Pferdeaktinie, eine Seeanemone. Durch ihre leuchtend rote Färbung fällt sie sofort ins Auge. Mit ihrem Fuß sitzt sie fest auf dem Fels. Ihre Tentakel kann sie völlig einziehen und in diesem Zustand auch eine länger dauernde Trockenperiode überdauern. Vor einem Austrocknen schützen sich die Aktinien durch einen zähen Schleim, den sie über ihren Körper ausscheiden.

An die Gezeitenzone mit regelmäßig trockenfallenden Bereichen schließt sich der Bereich der ständig mit Wasser bedeckten Lebensräume an. Bleiben wir beim Felsengrund, so gliedert sich dessen Hartboden in drei Zonen mit jeweils einer leicht zu erkennenden Hornkoralle (Gorgonie) als Leitorganismus.

Für den oberen Hartgrund sind dies die Weißen Gorgonien, für den mittleren Hartgrund die Gelben Gorgonien und für den tieferen Hartgrund die Roten Gorgonien. Für den Schnorchler ist nur der obere Hartgrund von Interesse. Nur in wenigen Ausnahmefällen ist der nächste Abschnitt schnorchelnd erreichbar.

Der obere Hartgrund (oberes Sublitoral) ist durch ein durchaus reiches Lichtangebot gekennzeichnet. Daher findet man hier üppiges pflanzliches Leben in Form von Rot-, Braun- und Grünalgen. Licht benötigen auch die einzelligen Algen, die als Symbiosepartner in Wachsrosen und Weißen Gorgonien leben. Damit ist das Licht auch der begrenzende Faktor für die Tiefenverbreitung von Wachsrose und Weißer Gorgonie. Ein weiterer, wesentlicher Faktor ist die starke Wasserbewegung, die hier in den flachen Bereichen noch vorherrscht. Unterschiedliche

Strömungsverhältnisse und die Kraft der Wellen wirken sich auf Körperform, Ernährungsweise und Fortpflanzung der Meeresfauna aus. Flache Formen werden bevorzugt, aufrechte Wuchsformen finden sich hier nur an geschützten Stellen in Höhlen oder Spalten. Hier finden wir vor allem festsitzende Organismen. Einige von ihnen sind darauf angewiesen, daß ihnen die Nahrung vom Wasser zugetragen wird, sie holen sich mit Fangarmen und Tentakeln Planktonorganismen und andere Nahrungspartikel aus der Strömung. Arten, die jedoch an der Unterseite eines Felsens in etwas ruhigerem Wasser leben, wie zum Beispiel die Schwämme, erzeugen ihre eigene Strömung, mit deren Hilfe sie Nahrungspartikel durch den Körper strömen und auf diesem Weg dem Wasser verwertbare Teile entnehmen. Nachteil dieser festsitzenden Lebensweise ist aber, daß die Tiere nicht einfach vor Feinden weglaufen können. Somit ist es notwendig, sich geeignete Schutzmaßnahmen gegenüber Freßfeinden zuzulegen. Borstenwürmer wie die Schraubensabelle zum Beispiel bauen sich Kalkröhren, in die sie sich bei Gefahr zurückziehen können. Manteltiere sind durch ihren ungenießbaren Mantel geschützt, manche Schwämme haben ein Skelett aus Kalk, dessen Nadeln über die Körperoberfläche hinausragen, die Seeigel sind durch ihre Stacheln geschützt, Nesseltiere verteidigen sich mit ihren Nesselzellen, und Algen sind durch ihre Blattinhaltsstoffe ungenießbar.

Hart ist der Konkurrenzkampf um die möglichen Siedlungsflächen hier in der lichtdurchfluteten Zone. Dies fällt beim Schnorcheln sofort auf. Kein Plätzchen ist mehr frei. Auf der Sonnenseite finden wir meist üppige Besiedlung durch Algen, auf der Schattenseite sind vorwiegend Tiere angesiedelt. Dabei können

Schirmchenalgen (Acetabularia mediterranea) sind leicht zu erkennen.

Rotalgen (Peyssonnelia sp.) gedeihen prächtig in schattigen Spalten.

Weiße Gorgonien (Eunicella cavolini)

57

Die Schraubensabelle mit ihrer wunderschönen Tentakelkrone

Der Große Kammseestern lebt als Räuber auf dem Sand.

Seine Beute findet der Kammseestern auch tief im Sand.

manche Organismen selbst wiederum von anderen bewachsen sein. Schwämme beispielsweise sind allerdings nur sehr selten überwachsen. Gleiches gilt für Seescheiden, sieht man einmal vom Microcosmus ab, der oft vor lauter Aufwuchs kaum noch als Seescheide zu erkennen ist.

Trifft man auf kahle Stellen am Fels, so hat man meist eine Seeigelweide vor sich. Zwei Seeigelarten raspeln bevorzugt hier die Algen ab, der tagaktive Schwarze Seeigel und der eher nachtaktive Steinseeigel.

Sandgrund

Es ist schwierig, auf den ersten Blick auf dem Sandboden etwas zu entdecken. So kommt es auch, daß die meisten Schnorchler – aber auch die Taucher – diesem Lebensraum nichts abgewinnen können. Dies liegt aber nur an der fehlenden Erfahrung und an einem ungeübten Auge. Hier hilft es, sich etwas Zeit zu nehmen, eine Stelle des Sandbodens intensiv zu beobachten und sich nicht von den ersten Eindrücken abschrecken zu lassen. Wie Sie gleich sehen werden, lebt die Sandwüste, und so mancher Schnorchler und Taucher konnte sich nach den ersten Erfolgserlebnissen nur schwer losreißen.

Sandgrund ist charakteristisch für Buchten und für flache Küsten. Hier sind die Strömungs- und Brandungsverhältnisse dergestalt, daß die feineren Partikel ausgewaschen werden, während grobkörniges Material sich absetzen kann. Es hängt also viel von der Wasserbewegung ab. So sind in Küstennähe vor allem grobe Sande und wenig organisches Material vorzufinden; je tiefer wir kommen, desto feineren Sand mit viel organischem

Material finden wir. Hier in den tieferen Bereichen verringert sich die Wasserbewegung, und auch feineres Material wird nicht ausgewaschen. Ein hoher Anteil an organischem Schlickmaterial kennzeichnet auch den sogenannten Weichboden, der sich allerdings auch dem geübten Schnorchler durch sein Vorkommen in größerer Tiefe entzieht und nur den Tauchern zugänglich ist.

Eine wichtige Größe für den Sandboden ist sein Gehalt an Sauerstoff. Ein kleines Experiment mag dies verdeutlichen: Fährt man mit der Hand etwas tiefer in den Sand, so ändert sich bereits in wenigen Zentimetern Tiefe die Farbe: Aus braun wird erst grau, dann schwarz. Das schwarze Sediment verrät auch durch seinen Geruch, daß es keinen Sauerstoff mehr, sondern eventuell bereits den giftigen Schwefelwasserstoff enthält. Es bildet sich also eine Schichtung aus. Aber selbst in den unwirtlichen Tiefen einer beinahe sauerstofffreien Zone leben außer Bakterien auch noch Tiere!

So bleibt festzuhalten, daß sich der Sandboden, angetrieben durch die Wellen, in ständiger Umschichtung befindet und daß nur eine geringe Tiefe gut mit Sauerstoff versorgt ist.

Das bedeutet für die Bewohner des Sandbodens, daß sie sich diesen extremen Lebensbedingungen anpassen müssen. Dies trifft für den eigentlichen Schutz vor Freßfeinden genauso zu wie für den Nahrungserwerb. Die dort seßhaften Tiere sind gezwungen, sich selbst zu tarnen oder im Sand einzugraben, um geschützt zu leben. Fische wie Butte und Schollen sind in der Lage, sich dem Boden gänzlich anzupassen. Sie färben sich genauso wie der Sandboden. Nur wenn sie sich bewegen, werden wir sie entdecken. Zur Nahrungsbeschaffung wurden die unterschiedlichsten Strategien ent-

Irreguläre Seeigel (Herzseeigel) leben normalerweise im Sand verborgen.

Zwei Meerbarben durchwühlen den Sand nach Freßbarem.

Kommt man zu nahe, verschwindet der Sandtaucher im Sand.

Alle Plattfische sind perfekt an den Untergrund angepaßt.

Eine Sepia erhebt sich aus dem Sand.

Eidechsenfisch (Synodus saurus) in Lauerstellung

wickelt: Irreguläre Seeigel lutschen Bakterien und Algen von den Sandkörnern, Sandgoldrosen fischen mit ihren Tentakeln Plankton aus dem Wasser, und Muscheln benutzen ihre Siphone, um Nahrungspartikel von der Oberfläche abzusaugen. Lauerjäger wie Petermännchen, Him-melsgucker und Eidechsenfische graben sich ein und schnappen aus der Tarnung heraus nach vorbeischwimmender Beute. Meerbarben durchwühlen mit ihren beiden Barteln am Kinn den Sandboden nach Freßbarem, Kammseesterne riechen die im Sand eingegrabenen Muscheln und kriechen ihnen nach. Knurrhähne stolzieren auf ihren umgebildeten Strahlen der Brustflossen über den Sandboden und spüren mit den Geschmacksknospen nach Beute. Eine interessante Begegnung für den Schnorchler ist der Schermesserfisch. Bei Bedrohung stellt sich dieser etwa 10 bis 15 Zentimeter lange Fisch fast senkrecht auf, den Kopf zum Sandboden hin gerichtet. Er krümmt dabei leicht den Rücken. Wird die Bedrohung größer, schießt er mit dem Kopf voran in den Sand. Beim Eingraben in den Sand sind sein steiles Kopfprofil und sein platter Bau sehr vorteilhaft. Noch nie haben wir einen Schermesserfisch auftauchen sehen. Er ist offensichtlich in der Lage, sich im Sand vorwärts zu bewegen, was auch von anderen Beobachtern berichtet wird.

Mehr als einmal werden Sie beim Abschnorcheln auf den Sandboden irgend etwas direkt vor sich fliehen sehen. Dies kann zum Beispiel ein Tintenfisch, eine Sepia sein. Auch sie ist in der Lage, sich durch ein effizientes Farbenspiel optimal an die Umgebung anzupassen. Dies ist auch notwendig, liegt sie doch auf der Lauer, um geeigneter Beute nachzustellen. Kommt ein kleines Fischchen in ihre Nähe, so wird sie die Verfolgung aufnehmen und den Fisch mit ihren langen Fangarmen, die sie blitzschnell ausschleudert, einfangen.

Für die permanent im Sand lebenden Organismen stellt sich auch das Problem der Sauerstoffversorgung: Sie müssen sich einen Zugang zu frischem Atemwasser offen halten. Muscheln tun dies beispielsweise mit Hilfe ihrer Siphone, irreguläre Seeigel bilden gar einen Kamin mit speziell dafür geeigneten, längeren und weichen Stacheln. Maulwurfskrebse unterhalten ein gut ventiliertes Röhrensystem, Seemäuse und Schnekken kriechen immer wieder an die Oberfläche zurück.

Der Vollständigkeit halber sei noch erwähnt, daß sich zwischen den Sandkörnern der gut mit Sauerstoff versorgten Schicht die sogenannte Sandlückenfauna (Mesopsammon) befindet. Dabei handelt es sich um mikroskopisch kleine Vertreter fast jeder Tiergruppe. Während des Schnorchelns sind diese kleinen Organismen für uns allerdings nicht sichtbar.

Markante Hügel von Maulwurfs-krebschen

Tarnung ist alles

Prächtig gefärbte Grundel auf dem Sand

Seegraswiese

Einen weiteren, deutlich abgrenzbaren Lebensraum bilden die Seegraswiesen im Mittelmeer. Dabei handelt es sich um höhere, einkeimblättrige (monokotyle) Blütenpflanzen. Im gesamten Mittelmeer unterscheidet man fünf Arten: Das Gemeine Seegras gedeiht vor allem auf sandig-schlammigen Böden bis 10 m Tiefe, das Zwergseegras ist von kleinerer Wuchsform mit schmaleren Blättern und gedeiht auf dem gleichen Untergrund ebenso bis 10 m Tiefe. Die Blätter des Tanggrases werden bis zu 30 cm lang. Dieses Seegras bildet gemeinsam mit dem Zwergseegras auf schlammig-sandigen Böden ausgedehnte Wiesen. Das größte Seegras im Mittelmeer ist das endemische Neptunsgras.

Im östlichen Mittelmeer finden wir eine weitere Art, nämlich *Halophila* stipulacea. Diese bildet feingezähnte, paarige Blätter aus, die nur etwa 3–8 Zentimeter lang sind. Auf seichten Sandböden bildet *Halophila* große Bestände aus, die ideale Beobachtungsbedingungen für den Schnorchler liefern. Das Seegras wird von vielen Organismen heimgesucht und gewährt durch die Kürze der Blätter einen guten Einblick in das bunte Treiben auf der *Halophila*-Wiese. Wie gesagt, es ist auf den östlichen Teil des Mittelmeeres beschränkt. Dorthin kam es als einer der ersten Einwanderer aus dem Roten Meer. Eigentlich ist es in tropischen Gewässern heimisch.

Spricht man von der Seegraswiese, so ist meist die *Posidonia*-Wiese, also das Neptunsgras, gemeint. Im klaren Wasser können diese Wiesen bis in eine Tiefe von 30–40 m vorkommen. Das Neptunsgras ist auf sauberen, nährstoffreichen Sandgrund angewiesen, den es durch seine kriechenden Wurzelausläufer (Rhizome) verfestigt. Sein Gedeihen ist an folgende physikalische Anforderungen geknüpft: mittlere winterliche Temperaturen nicht unter 10 °C, im Sommer im Mittel nicht über 28 °C, Salzgehalt 37–38 Promille. Neptunsgras kommt niemals in der Nähe von Flußmündungen vor, da *Posidonia* solche Süßwassereinträge von Flüssen meidet.

Zum genaueren Verständnis einer Seegraswiese und ihrer Ausbreitung betrachten Sie ein Stück Seegraswiese von der Seite her etwas genauer. Dies ist ohne größere Schwierigkeit möglich, da sich sogenannte Canyons durch die Wiesen hindurchziehen, die den gewünschten Einblick ermöglichen. Die Ausdehnung der *Posidonia*-Wiesen erfolgt hauptsächlich durch horizontales Wachstum der Rhizome. Aus der horizontal liegenden Rhizomschicht treiben regelmäßig senkrechte Rhizome aus. Die aus den Rhizomen austreibenden Blätter können bei Lichtmangel abgeworfen werden. Am Blattansatz wächst dann die Rhizomschicht vertikal weiter, um eine neue Blattgeneration hervorzubringen. Durch dieses vertikale Wachstum wird ein Höhenzuwachs von etwa 1 Meter pro Jahrhundert erzielt. In diesem Rhizomnetzwerk werden die Zwischenräume mit organischem Material aufgefüllt und auf diese Weise die sogenannten *Posidonia*-Matten gebildet. Die Fortpflanzung kann auch auf geschlechtlichem Weg erfolgen, allerdings spielt diese im westlichen Mittelmeer kaum eine Rolle, da die niedrigen Wassertemperaturen kein regelmäßiges Blühen gewährleisten. Kann es trotzdem beobachtet werden, so erfreuen sich selbst erfahrene Meeresbiologen an diesem seltenen Ereignis. Die Blätter treiben im Winter

Das Neptungras (Posidonia oceanica) bildet dichte Bestände („Wiesen").

Im östlichen Mittelmeer hat sich ein anderes Seegras (Halophila stipulacea) ausgebreitet.

Junge Steckmuscheln im Seegras

*Mit etwas Glück findet man Furchen-
garnelen im Seegras.*

*Ein Violetter Seeigel „tarnt" sich mit
Seegrasblätter.*

*Caulerpa taxifolia macht sich im West-
mediterran im Seegras breit.*

aus. In dieser Jahreszeit gibt es nur wenige Organismen im Plankton, die die
Blätter besiedeln können. So hat das
Seegras einen gewissen Vorsprung und
kann mit der gesamten Blattoberfläche
Photosynthese betreiben. Im weiteren
Verlauf des Jahres wachsen die Blätter
zu, und es gelangt dadurch weniger Licht
an die Photosyntheseorte im Blattinne-
ren.

Mit die wichtigste Funktion der Seegraswiesen ist die Primärproduktion organischer Substanz. Etwa 30 % der Posido-
nien gelangen später in Form von abge-
fallenen Blättern in die offene See, wo-
durch letztlich die Versorgung des nähr-
stoffarmen Meeres bewerkstelligt wird.
Außerdem erzeugt ein *Posidonia*-Rasen
von einem Quadratmeter Fläche pro Tag
bis zu 14 Liter Sauerstoff. Er stellt somit
die Lunge des Mittelmeers dar, von dessen Produktion eine Vielzahl von Organismen abhängt.

Wie Sie gesehen haben, bildet das Neptunsgras mächtige, feste Matten aus, die
eine wichtige Rolle im Küstenschutz
übernehmen. Den Küsten vorgelagerte
Seegraswiesen nehmen den Wellen die
gefährliche Energie, sie bremsen sie ab
und verhindern so eine zunehmende Kü-
stenerosion.

Sowohl in den großen Wiesen des Neptunsgrases als auch in den Beständen des
Zwerggrases und der anderen Seegräser
treffen wir auf eine Vielzahl von Organismen. Nur noch selten trifft man auf
ausgedehnte Bestände der Steckmuschel, und nur noch vereinzelt findet man
das Tritonshorn. Dagegen besiedeln un-
terschiedlichste Schwämme und Moostierchen den strömungsberuhigten Bereich zwischen den Rhizomen. Legionen
verschiedener Fische – jung und alt –
nehmen Schutz und Nahrung in An-
spruch, Putzerlippfische befreien andere

Fische von lästigen Parasiten. Im Frühjahr lassen sich riesige Exemplare der Seespinne in den Seegraswiesen beobachten, die sich durch das Blattdickicht drängen, und Seegurken verwandeln unermüdlich Dreck in Sand. Bei all den unterschiedlichsten Besuchern und Bewohnern der Seegraswiesen fällt auf, daß die Seegräser selbst kaum als Nahrungsquelle genutzt werden. Nur vier Arten können mit den harten Pflanzenfasern etwas anfangen. Der Steinseeigel knabbert den Blattrand gleichmäßig ab, wohingegen die Assel wolkenförmige und die Goldstrieme halbmondförmige Bißspuren hinterläßt. Der Violette Seeigel ernährt sich vom Rhizom und den Wurzelhaaren des Neptunsgrases.

Fischen dient die Seegraswiese als Unterschlupf.

Leider ist bei den Seegraswiesen des Mittelmeeres ein stetiger Rückgang, unter anderem wegen der Verschmutzung des Mittelmeeres und der Zerstörung der Wiesen selbst, zu verzeichnen. So werden durch unvorsichtige Ankermanöver Löcher in die Seegrasmatten gerissen. Hier wiederum können die Wellen angreifen, die Matte unterhöhlen und die Löcher vergrößern. Die Zerstörung einer Seegraswiese nimmt so ihren Verlauf. Da dies unter Wasser und somit nicht vor aller Augen geschieht, ist es für die Allgemeinheit nicht so spektakulär wie das Waldsterben. Es ist aber deswegen nicht minder dramatisch, denn schließlich leisten die *Posidonia*-Wiesen einen unersetzlichen Beitrag zum Erhalt des ökologischen Gleichgewichts und zum Schutz der Küsten. Es ist höchste Zeit, sie unter besonderen Schutz zu stellen!

Ein kleiner Schwarm Goldstriemen (Sarpa salpa)

Überwachsenes Seegras-Substrat

Bevor wir uns den Pflanzen und Tieren zuwenden, noch ein Wort zu den kleinsten Organismen, den Bakterien und zu den Algen.

Bakterien

Bakterien spielen eine wichtige Rolle innerhalb der Stoffkreisläufe. Sie kommen überall im Meerwasser vor, doch dürfen sie keineswegs generell mit Krankheitserregern gleichgesetzt werden. Wichtigste Aufgabe der Bakterien ist, Tier- und Pflanzenreste – also organisches Material – restlos umzusetzen. Damit wird die Freisetzung dringend benötigter Nährstoffe gewährleistet.

Bestimmte Bakterien sind als Leuchtbakterien bekannt. Sie leben dazu als Symbionten z. B. in Fischen (Leuchtfische) und erzeugen ein recht kräftiges Leuchten durch die Fähigkeit, chemische Energie in Lichtenergie umzuwandeln. Dieses Leuchten wird als Biolumineszenz bezeichnet.

Pflanzen

Bis auf wenige Ausnahmen lassen sich Pflanzen an ihrer Eigenschaft, Photosynthese betreiben zu können, erkennen. Denn zu diesem Vorgang benötigen sie Chlorophyll, das heißt grünen Blattfarbstoff. Nur bei schmarotzenden Pflanzen

Pfennigalge (Halimeda tuna)

Kalkrotalge

„Killeralge" (Caulerpa taxifolia)

Meerball (Codium bursa)

kann dieses Chlorophyll fehlen. In einigen anderen Fällen kann es wie bei den Rotalgen durch andere Farbstoffe überdeckt sein.

Algen

Sie sind wie die Höheren Pflanzen mit Chlorophyll ausgestattet und damit ebenfalls zur Photosynthese befähigt. Nach ihrem Aufbau läßt sich keine Unterteilung in Wurzel, Sproß und Blüte treffen. Neben den einzelligen Vertretern werden vorwiegend große, mit bloßem Auge erkennbare Formen unter dem Begriff Alge verstanden. Die Einteilung erfolgt aufgrund der vorhandenen Blattfarbstoffe in Grün-, Rot- und Braunalgen.

Grünalgen

Grünalgen stellen eine gewaltige Formenvielfalt auch in den Meeren dar. Darunter finden sich Vertreter, die überall anzutreffen sind, sogenannte Kosmopoliten, wie der auch im Mittelmeer vorkommende Meersalat. Die Schirmchenalge ist wohl die berühmteste Vertreterin der Grünalgen. Zahlreiche zellbiologische Erkenntnisse wurden an dieser Art gewonnen. Weitere auffällige Grünalgen sind die Meerkette *(Halimeda tuna)*, die ginkgoartige *Udotea petiolata* sowie der häufig faustgroße, kugelförmige Meerball *(Codium bursa)*.

Die Grünalgengattung Caulerpa finden wir ebenfalls weltweit. Mit meterlangen Ausläufern auf dem Boden und ihren kräftig hellgrün gefärbten Trieben bildet sie ganze „Wiesen". Trotz ihrer Abmessungen und komplexen Organisation besteht sie nur aus einer einzigen, vielfach verzweigten Zelle. *Caulerpa prolifera*, die Art, die im Mittelmeer heimisch ist, steht für nährstoffreiches Wasser. Unter optimalen Bedingungen können sich die Ausläufer pro Tag bis zu 5 Millimeter verlängern. In jüngster Zeit macht sich eine weitere Caulerpa-Art *(C. taxifolia)* im Mittelmeer breit. Dabei setzt sie sich im Kampf um Besiedlungsfläche überaus erfolgreich gegen die Konkurrenz, wie zum Beispiel Seegräser, durch. Im Kapitel „Probleme des Mittelmeers" werden wir nochmals auf *Caulerpa* zurückkommen.

Rotalgen

Bei Rotalgen kommt es häufig zu Kalkeinlagerungen, die als wichtige verfestigende Elemente dienen. Das Chlorophyll wird von rötlichen Farbstoffen verdeckt. In den unterschiedlichen marinen Lebensräumen dringen sie bis in große Tiefen vor und bilden dabei kompliziert gebaute Formen aus. Offenbar kommen sie mit einer sehr geringen Menge an Licht aus. Dadurch finden wir sie auch an den Schattenseiten, wo sie gegenüber den Grünalgen deutliche Vorteile haben. Aber auch im Flachwasser, genauer gesagt an der Wassergrenze, finden Sie mit den Trottoirs ausgedehnte Rotalgenansammlungen.

Braunalgen

Hierzu gehören die größten Algen, die auch als Tange oder Kelp bezeichnet werden. Sie können bis zu 50 Meter lang werden. Der Begriff Tang umfaßte ursprünglich alle im und am Meer vorkommenden Großalgen. Bei den Tangen kommt es zur Ausbildung von echten Geweben und Transportstrukturen, wie sie von Höheren Pflanzen bekannt sind.

Bevorzugt finden Sie die Tange auf Hartböden, wo sie sich mit Hilfe von kräftigen Haftkrallen festhefteten und so Wellen und gewaltigen Strömungen widerstehen. In der Adria treffen Sie als Schnorchler auf großwüchsige Braunalgenarten, die hier im nährstoffreichen Wasser offensichtlich gut gedeihen.

Blütenpflanzen

Nur Seegräser leben als Vertreter der Höheren Pflanzen im Meer ständig untergetaucht. Sind die Umweltbedingungen gut, so bilden Seegräser große Bestände aus und schaffen einzigartige Lebensräume, die Seegraswiesen. Weltweit sind heute 12 Gattungen mit beinahe 50 Arten bekannt. Im Mittelmeer trifft man das Neptunsgras *(Posidonia oceanica)*, das Gemeine Seegras *(Zostera marina)*, das Zwergseegras (Zostera noltii) und das Tanggras *(Cymodacea nodosa)*. Im östlichen Mittelmeer (Türkei) fällt ein weiteres Seegras *(Halophila stipulacea)* auf, das eigentlich dem Indopazifik zugeordnet wird. Vermutlich ist *Halophila* einer der ersten Einwanderer aus dem Roten Meer, der durch den Suezkanal (Eröffnung 1869) das Mittelmeer erreicht hat.

Tiere

Generell lassen sich im Tierreich die Einzeller und die Vielzeller unterscheiden. Bei den Einzellern besteht der Körper nur aus einer einzigen Zelle. Dieser Gruppe werden die vielzelligen Organismen gegenübergestellt, deren Zellen zu Geweben und Organen vereinigt sind. Deshalb werden diese auch Gewebetiere genannt.

Alle Einzeller sind mikroskopisch klein. Sie werden diese Lebewesen also nicht einzeln, sondern nur indirekt beobachten können, nämlich als von einzelligen Algen geprägter grünstichiger Farbeindruck des Meerwassers, als Trübung und im schlimmsten Fall als Algenblüte.

Einzeller, Urtierchen (Protista)

Protisten bestehen aus nur einer einzigen Zelle. Sie sind meist nur wenige Mikrometer groß. Die Zelle wird von einer Membran umhüllt und beinhaltet einen oder mehrere Kerne (= eukaryotische Zelle). Allerlei Gehäusebildungen schützen den Körper. Marine Protisten können in enormen Zellzahlen auftreten („Algenblüten") und stellen ein wichtiges Glied der Nahrungskette. Man unterscheidet:

Geißelträger *(Flagellata)*
Als Bewegungsantrieb kommen hier Geißeln zum Einsatz. Ein charakteristischer Vertreter ist das Augentierchen *(Euglena)*.

Kammerlinge *(Foraminifera, Granuloreticulosa)*
Vertreter dieser Gruppe kommen nur im marinen Bereich vor. Sie besitzen ein- oder mehrkammerige Schalen, die aber aus organischem Material aufgebaut und mit Kalk verstärkt sind. Durch Poren in diesen Schalen treten feine Zellplasmafäden aus, die zum Sammeln von Nahrung und Baumaterial sowie zum Schwimmen dienen. Einige Vertreter der Kammerlinge sind sogenannte Leitfossilien, mit deren Hilfe man in marinen Sedimentgesteinen das Alter bestimmen kann. Heute lebende Formen sind wichtige Nahrung für die Meeresbewohner und damit auch für die Produktionsbiologie der Meere von großer Bedeutung.

Kieselalgen *(Diatomeen)*
Charakteristisch für diese Gruppe ist die zweiteilige Schale aus Silikat (Salze der Kieselsäure). Kieselalgen wirken stets bräunlich aufgrund einer Vielzahl von Pigmenten, wie z. B. Chlorophyll und Fucoxanthin.

Strahlenfüßer *(Radiolaria, Actinopoda)*
Die kugeligen Schalen dieser Protisten bestehen aus Silikat oder Strontiumsulfat und besitzen eine Vielzahl langer Strahlen (Axopodien), die ihnen zu ihrem Namen verhalfen. Gleichzeitig vergrößern diese Strahlen die Zelloberfläche stark und ermöglichen so das Schweben im Wasser.

Wimpertierchen *(Ciliata)*
Hier erfolgt die Bewegung und die Nahrungsaufnahme durch Wimpern. Wimpertierchen besitzen besondere Einrichtungen (Organellen) zur Nahrungsverwertung und zur Ausscheidung. Sie besitzen zwei Kerne. Bekannte Vertreter sind das Pantoffeltierchen und das Glokkentierchen.

69

Schwämme *(Porifera)*

Schwämme stehen als eine sehr ursprüngliche Gruppe mehrzelliger Tiere (Metazoa) im Tierreich am Anfang. Im Gegensatz zu den mehrzelligen Tieren entwickeln die Schwämme keine Organe.

Der lateinische Name beschreibt recht gut die Grundzüge eines Schwammes: porus = Pore, ferre = tragen. Die Poren dienen zum einen dem Einsaugen von nährstoffreichem Wasser, zum anderen werden über große Kanäle die unverdaulichen Reste mit dem Wasserstrom ausgeschieden. Die Mehrheit der Schwämme kommt im Meer vor, nur wenige Vertreter im Süßwasser.

Schwämme können sehr vielgestaltig

vereinfacht – als Flasche vorstellen, wobei der Flaschenboden auf einer Unterlage festsitzt. Die äußere Haut schließt den Schwammkörper nach außen hin ab, im Innern ist der Schwammhohlraum ebenfalls mit einer einfachen Schicht ausgekleidet. Zwischen diesen beiden Grenzschichten befindet sich eine gelatinöse Matrix. Die äußere Schicht ist von vielen Poren durchbrochen, durch die Wasser einströmt und sich im Zentralraum sammelt. Von dort aus verläßt das Wasser durch eine zentrale Ausströmöffnung den Schwamm. Der Wasserstrom durch den Schwamm wird durch Kragengeißelzellen erzeugt. Diese sind von einer Schleimschicht umgeben, an der Nahrungspartikel kleben bleiben, von denen sich der Schwamm ernährt.

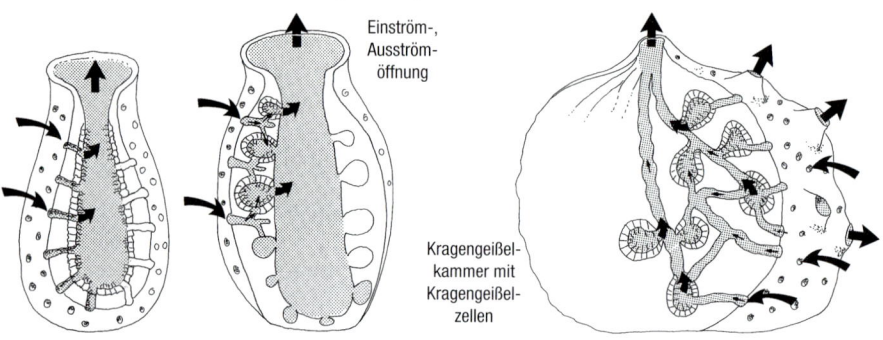

Einström-, Ausström-öffnung

Kragengeißel-kammer mit Kragengeißel-zellen

Grundbaupläne und Wasserströmung verschiedener Schwammtypen

sein: als dünne Krusten, schlauch-, becher- oder trichterförmig, baum-, geweih- und strauchförmig. Daneben sind die kräftigen Farben – Rot, Gelb, Blau, Weiß – der Schwämme auffallend. An dieser Stelle sei der Hinweis erlaubt, daß sich diese Merkmale kaum zur näheren Bestimmung der Schwämme eignen, da sie hauptsächlich durch Umweltbedingungen und/oder einzellige Algen festgelegt werden.

Einen Schwamm kann man sich – stark

Als Nahrung dienen den Schwämmen schwebende Partikel im Wasser. Hierzu zählt neben einzelligen Algen und Bakterien auch organischer Abfall (Detritus). Schwämme sind Filtrierer. Um das infiltrierte und mit Abfällen versehene Wasser nicht sofort wieder einzusaugen, sind Schwämme in der Lage, ihre Abfallprodukte unter großem Druck aus dem Osculum auszustoßen. Damit wird eine Frischwasserzufuhr gewährleistet. Dies läßt sich als Schnorchler an röhrenförmi-

Bohrschwämme zerfressen Gesteine

Typische Schwammformationen im Ostmediterran

Feigenschwamm (Petrosia ficiformis) mit Leopardennacktschnecke

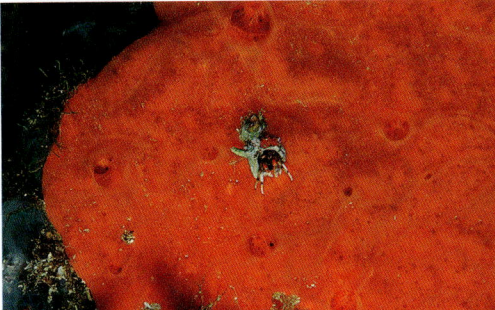

Orangefarbener Strahlenschwamm (Spirastrella cunc)

gen Schwämmen gut beobachten. Vor allem die Flachwasserzonen sind es, die bevorzugt von Schwämmen besiedelt werden. Dort heften sie sich an Pflanzen, Felsen, Steine, Muschel- und Schneckenschalen an. Spezialisten unter den Schwämmen gelingt es, schlammigen Boden und die Tiefsee zu besiedeln oder sogar im Gestein zu leben. Diese Bohrschwämme vermögen mit ihren Ätzzellen winzige Spalten ins Gestein zu treiben und darin den Schwammkörper anzusiedeln.

Schwämme bilden durch ihre Hohlräume spezifische Lebensräume für einige marine Tiergruppen wie z. B. Schlangen- oder Haarsterne und Polychaeten. Fast immer sind Schwämme von Bakterien und einzelligen Organismen besiedelt.

Der Besitz von Nadeln stellt einen wirksamen Schutz gegen Angriffe anderer Tiere und gegen das Gefressenwerden dar. Nur wenige Spezialisten wie z. B. Nacktschnecken ernähren sich von Schwämmen. Die Klassifikation der *Porifera* gründet sich hauptsächlich auf die Analyse der Skelettnadeln, der Spiculae. Unter „Schwamm" stellt sich der Laie im allgemeinen nicht selten ausschließlich den Badeschwamm vor, den wir leider nur noch selten in den flachen Gewässern des östlichen Mittelmeeres finden. Zu stark war in den vergangenen Jahrzehnten der Abbau. Betrachtet man die ursprüngliche Benutzung, so ist dies leicht zu verstehen. Jahrhundertelang wurden Schwämme als „sauberes, saugfähiges und hygienisches Hilfsmittel" verwendet. Doch nicht nur als Badeschwamm im engeren Sinn. Ein Blick in den Katalog eines Schwammlieferanten zeigt eine Auflistung von über 40 Verwendungszwecken: vom Abbeizschwamm über Ohrenschwämmchen bis hin zum Zeichenschwamm. Die Gewinnung der Schwämme, d. h. das Herausholen aus dem Wasser, geschieht meist mit speziellen Schwammgabeln, Grundnetzen oder durch Schwammtaucher. Die meisten Schwämme werden von den Mittelmeerländern Griechenland und Türkei und aus Amerika geliefert. Ein Blick auf Marktstände im Urlaubsland, welche Schwämme anbieten, verschafft einen ersten Eindruck über die vielfältigen Formen und Verwendungszwecke von Schwämmen.

Nesseltiere *(Cnidaria)*

Gemeinsames Kennzeichen der in diesem Stamm zusammengefaßten Tiere ist der Besitz von Nesselzellen. Innere Organe kommen hier ebenfalls noch nicht vor.

Zu den Nesseltieren gehören sehr unterschiedlich aussehende Organismen: Blumentiere *(Anthozoa)*, Würfelquallen *(Cubozoa)*, Schirmquallen *(Scyphozoa)* und Hydrozoen *(Hydrozoa)*.

Nesseltiere kommen in zwei Erscheinungsformen vor, als Polyp und/oder als Meduse (Qualle). Der Aufbau eines Polyps ist denkbar einfach: Die Körperwand besteht aus zwei Schichten; verbunden werden beide durch eine Zwi-

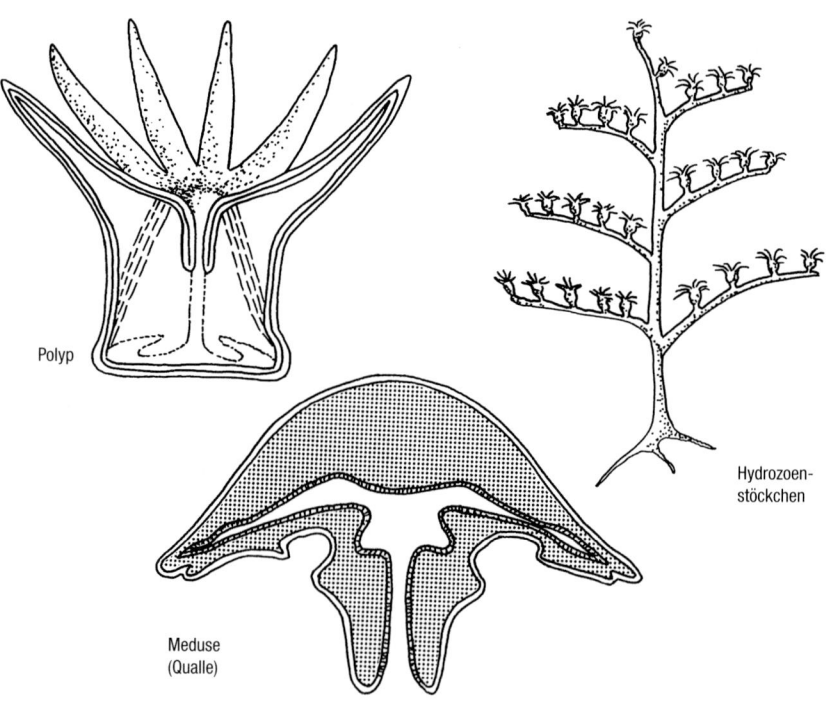

Polyp

Hydrozoenstöckchen

Meduse (Qualle)

Grundbaupläne der Hohltiere

72

Nesselkapseln im mikroskopischen Bild

Treibende Spiegelei-Qualle

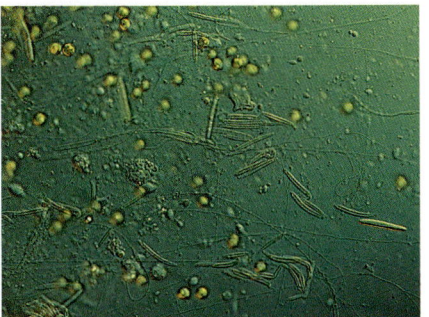

Abgeschossene Nesselkapseln

Krustenanemonen (Parazoanthus axinellae)

schenschicht. Das Körperinnere besteht aus einem gegliederten Hohlraum. Von diesem Aufbau abgeleitet ist die Organisation der Meduse (Qualle): Sie ist im Grunde genommen ein auf den Kopf gestellter, freischwimmender Polyp. Dabei werden Fußscheibe und Körper zur Oberseite des Schirms, das Mundfeld wird zur Unterseite. Die Zwischenschicht ist hier viel mächtiger ausgebildet. Der Rand des Schirms trägt Tentakel und Sinnesorgane. Die Meduse schwimmt nach dem Rückstoßprinzip durch rhythmisches Zusammenziehen des Schirms. Wie schon erwähnt, besitzen alle Nesseltiere Nesselzellen, die für den ganzen Tierstamm namensgebend sind. Sie liegen vorwiegend in der Außenhaut und dienen zum Beuteerwerb.

Wie funktioniert eine Nesselkapsel? Jede Nesselzelle ist mit einem sensorischen Stift ausgestattet. Wird dieser gereizt, explodiert die Kapsel: Der Innendruck steigt an, und mit einer Beschleunigung von 400 000 m/s^2 werden die Stilette ausgeschleudert und durchschlagen die Haut der Beute, der Schlauch wird in das Beutetier ausgestülpt, und durch Poren im Schlauch tritt jetzt das Nesselgift aus und lähmt bzw. tötet die Beute. Diese Art des Nahrungserwerbes nennt man Tentakelfänger und Schlinger. Die an den Nesselzellen hängende Beute wird von den Tentakeln zur Körperöffnung geführt. Unverdauliche Reste werden durch die Körperöffnung ausgeschieden. Somit ist die Körperöffnung gleichzeitig Mund und After.

Gemischter Höhlendeckenbewuchs

Die Rasenkoralle (Cladocera cespitosa), eine koloniebildende Steinkoralle

Eine Zylinderrose mir ihren Fangtentakeln

Blumentiere *(Anthozoa)*

Zu dieser mit über 6100 Spezies artenreichsten Klasse der Nesseltiere gehören die im Mittelmeer vorkommenden Lederkorallen *(Alcyonaria)* und die Hornkorallen *(Gorgonaria),* sowie die Zylinderrosen *(Ceriantharia),* die Steinkorallen *(Madreporaria),* die Seeanemonen *(Actiniaria)* und die Krustenanemonen *(Zoantharia).* Hier kommt es nicht zu einem Wechsel zwischen Polyp und Meduse, Blumentiere kommen nur als Polypen vor.

Würfelquallen *(Cubozoa)*

Den Namen verdanken diese Quallen dem etwa würfelförmigen Körper, an dessen vier Ecken die Tentakel sitzen. Dies ist mit nicht einmal 20 Arten die kleinste Klasse der Nesseltiere, doch in diese Verwandtschaft gehören die giftigsten Meerestiere der Welt, die Seewespen *(Chironex fleckeri* und *Chiropsalmus quadrigatus),* die allerdings nicht im Mittelmeer vorkommen, sondern vor den Küsten Ostaustraliens.

Schirmquallen *(Scyphozoa)*

Die großen Vertreter der Schirmquallen können leicht Durchmesser bis zu 1 m erreichen und sind daher sehr auffällig. Viele Quallen bilden mit anderen Tieren faszinierende Lebensgemeinschaften. Häufig besitzen sie symbiontische Algen, aber manche bevorzugen Fische oder Krebse als Partner. Gerade mit den Quallen zusammenlebende Fische lassen sich als Schnorchler gut beobachten. Vorsicht ist aber geboten: Immer ausreichend Abstand halten!

Hydrozoen (*Hydrozoa*)

Hydrozoenpolypen sind sehr klein, teilweise werden filigrane Bäumchen (Kolonien) ausgebildet. Auch die Medusen der Hydrozoen sind winzig, dafür sind sie aber schnelle, gewandte Schwimmer, ähnlich den *Cubozoa*. Allerdings bilden nicht alle Hydrozoen freischwimmende Medusen. Hydrozoenstöckchen werden oft übersehen, und man wundert sich nach dem Schnorcheln über Juckreize an den Handoberflächen. Mit hoher Wahrscheinlichkeit hat man bei der Suche nach einem Festhaltepunkt Hydrozoen übersehen und reingefaßt.

Filigrane Hydrozoenstöckchen

Strudelwurm (Prostheceraeus giesbrechti)

Unter dem Begriff Hohltiere (*Coelenterata*) faßt man die Nesseltiere und die Rippenquallen (*Ctenophora*) zusammen. Die Bezeichnung „Qualle" im Sinne einer Meduse ist hier irreführend – da sie den Quallen (Medusen) der Nesseltiere (*Cnidaria*) nur oberflächlich ähnlich sehen. Rippenquallen besitzen niemals Nesselzellen und haben keinen Generationswechsel zwischen Polyp und Meduse. Die namensgebenden „Rippen" bestehen aus einer Vielzahl miteinander verschmolzener Cilien. In acht Längsreihen angeordnet, schlagen sie synchron und treiben die Tiere mit der Mundöffnung voran durch das Wasser. Zum Beutefang dienen zwei einziehbare Tentakel, die mit Seitenzweigen und Klebzellen ausgestattet sind.

Plattwürmer (*Plathelminthes*)

Den Plattwürmern werden die Saug- und Bandwürmer zugeordnet, die parasitisch leben, sowie die freilebenden Strudelwürmer (*Turbellaria, Planaria*). Häufig werden sie als Niedere Würmer bezeichnet. Sie besitzen keine After, keine Gliedmaßen, Blutgefäße und höher entwickelte Ausscheidungsorgane. Auch eine Segmentierung ist nicht zu erkennen, wie dies bei den Ringelwürmern der Fall ist. Plattwürmer erreichen eine Größe von einem Millimeter bis hin zu mehreren Metern. Es gibt kaum einen Fisch, bei dem man nicht auf den einen oder anderen Parasit stoßen kann. Die auffälligsten „Planarien" werden sehr häufig aufgrund ihrer Größe und schönen Pigmentierung mit Nacktschnecken verwechselt. Dies mag auch dem Schnorchler häufig passieren. Ein extrem flacher Körper wird durch schlagende Wimpernfelder angetrieben und kriecht quasi über den Untergrund. Strudelwürmer sind Zwitter mit äußerst komplex gestalteten

Tentakelkrone des Kalkröhrenwurmes (Protula spec.)

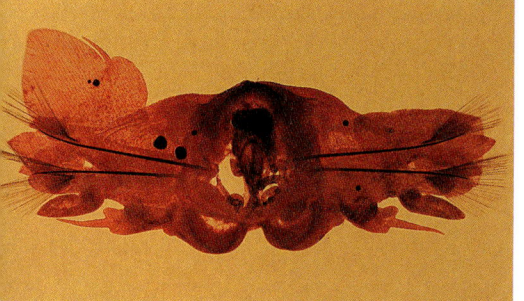

Borstenwurm-Querschnitt mit Stacheln

Einsiedlerkrebs auf einer Schraubensabelle

Geschlechtsorganen, die u. a. verhindern, daß nach gegenseitigem Austausch männlicher Keimzellen die Eier nicht mit eigenen männlichen Keimzellen befruchtet werden.

Ringelwürmer *(Annelida)*

Ringelwürmer besitzen einen drehrunden, langgestreckten Körper, welcher geringelt und segmentiert ist. Dabei entspricht die äußere Gliederung der inneren. Nur der Kopfabschnitt unterscheidet sich von den anderen Segmenten. Als Bewegungsorgane dienen Borsten, die auf seitlichen Stummelfüßchen stehen. Ringelwürmer sind ebenfalls Zwitter. Die 17 000 Arten werden in drei Gruppen unterteilt: Vielborster *(Polychaeta)*, die

Gürtelwürmer mit den Wenigborstern *(Oligochaeta)* und den Blutegeln *(Hirundinea)* sowie den Saugmündern *(Myzostomida)*.

Innerhalb der Klasse der *Polychaeta* werden die freilebenden *Errantia* und die meist sessil in Röhren lebenden *Sedentaria* unterschieden. Besonders auffällig sind hier die großen Schraubensabellen, die mit ihren Tentakelkronen Beutepartikel aus dem Wasser filtrieren. Bei den rein marinen Saugmündern handelt es sich um sogenannte reduzierte Anneliden. Sie haben ein scheibenförmiges Aussehen und leben in enger Beziehung zu Stachelhäutern wie z. B. Haarsternen. Allerdings sind sie recht winzig und nur unter einer Stereolupe deutlich zu erkennen.

Rückenplatten einer Käferschnecke

Nacktschnecken mit Laichschnüren auf Hydrozoenstöckchen

Ein Seehase (Aplysia fasciata) weidet Grünalgen ab

Weichtiere *(Mollusca)*

Einen der erfolgreichsten Stämme im Tierreich stellen die Weichtiere dar. Entscheidenden Anteil für diesen Erfolg hatten zwei Organe der Weichtiere: die im Vorderdarm liegende Reibeplatte (Radula) und die Ausbildung einer harten Schale. Die Schale verhalf zur Eroberung neuer Lebensräume, und die Radula ermöglichte die Erschließung neuer, bisher ungenutzter Nahrungsquellen. Der Weichtierkörper gliedert sich in Kopf, Fuß, Eingeweidesack und Mantel. Gliedmaßen kommen nicht vor. Die Ausbildung der einzelnen Körperabschnitte kann extrem unterschiedlich sein. Teilweise fällt es schwer, diese Gliederung und damit die Zuordnung zu den Weich-

tieren zu erkennen. Es lassen sich acht Weichtierklassen unterscheiden:
Die Furchen- und Schildfüßer werden als Wurmmollusken zusammengefaßt. Sie leben im Sediment und ernähren sich von „Abfällen" und kleinsten Aufwuchsorganismen. Durch ihre versteckte Lebensweise sind sie nur äußerst schwer für den interessierten Schnorchler zugänglich.
Ganz anders die Käferschnecken, die man bereits auf den Felsen der Gezeitenzone gut beobachten kann. Mit einem breiten Kriechfuß saugen sie sich auf den Felsen fest. Charakteristisch ist der Rükken mit seinen dachziegelartigen Platten. Die übrigen Weichtiere werden wegen ihrer einheitlichen Schale unter dem Begriff Schalenweichtiere zusammenge-

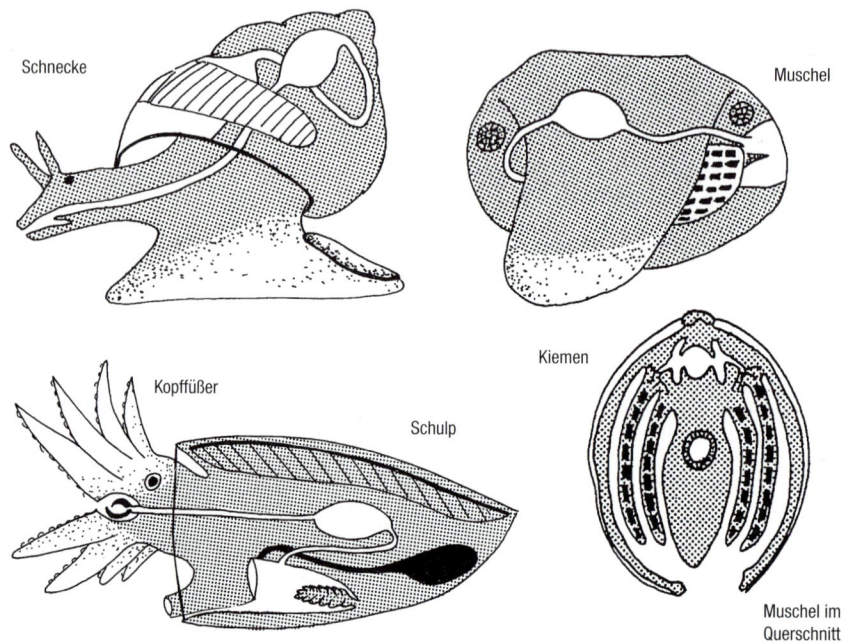

Schnecke

Muschel

Kiemen

Kopffüßer

Schulp

Muschel im Querschnitt

Grundbaupläne der Weichtiergruppen

faßt. Es ist anzunehmen, daß ihre zusammenhängende Schale ein Verschmelzungsprodukt der Platten der Käferschnecken ist.

Die drei wichtigsten Gruppen der Weichtiere sind die Schnecken *(Gastropoda)*, die Muscheln *(Bivalvia)* und die Kopffüßer *(Cephalopoda)*.

Schnecken bewegen sich kriechend auf einem Fuß. Ihr Körper steckt in einem ungekammerten einheitlichen Gehäuse, das meist rechtsgewunden ist. Nach der Lage der Atmungsorgane werden die Vorderkiemenschnecken (z. B. bei Kegelschnecken) von den Hinterkiemerschnecken unterschieden. Hierzu gehören die farbenprächtigen und damit stets ins Auge fallenden, schalenlosen Nacktschnecken. Weiterhin unterscheidet man die Lungenschnecken an Land.

Durch den Besitz der typischen, zwei-

klappigen Schale sind Muscheln eindeutig zu erkennen. Die zwei Teile werden durch eine Art Scharnier in einem Schloß durch einen kräftigen Schließmuskel zusammengehalten. Scharnier, Schloß und die Ansatzstellen des Schließmuskels bilden zusammen mit der Form und der Färbung der Schalen wichtige Bestimmungsmerkmale.

Die höchstentwickelte Gruppe der Weichtiere stellen die Kopffüßer – uns besser bekannt als Tintenfische – dar, deren Sinnesleistungen durchaus mit denen von Wirbeltieren vergleichbar sind. Sind die anderen Weichtierklassen alle an ein „bodenständiges" Leben angepaßt, so haben es die Kopffüßer geschafft, das freie Wasser (Pelagial) zu besiedeln. Hier sind sie innerhalb des Nektons stark vertreten.

Neben einem leistungsfähigen Nerven-

Selten geworden: Große Steckmuschel

Kleine Sepia

Warzige Schirmschnecke

Ein Octopus flüchtet in die Seegraswiese.

system besitzen die Kopffüßer hochentwickelte Sinnesorgane. Die Fähigkeit zum Schweben und Schwimmen ermöglichte ihnen die bereits erwähnte Eroberung eines neuen Lebensraumes und machte den Kriechfuß überflüssig. Die Kopffüßer sind Räuber, welche ihre Beute mit den Armen umschlingen und mit den Saugnäpfen festhalten. Die Beute wird durch einen Biß mit dem papa-geienschnabelähnlichen Mundwerkzeug gelähmt oder getötet. Der Einsatz von potenten Giften beschleunigt den erfolgreichen Beuteerwerb.

Eindrucksvoll sind die raschen Farbwechsel mancher Kopffüßer *(Octopus, Sepia).* Diese ermöglichen den Kopffüßern eine optimale Anpassung an den Untergrund und machen ein Erkennen durch den Feind äußerst schwierig. Leider trifft dies auch für den Schnorchler

zu. Man muß schon genau hinsehen, um eine auf kleineren Steinen liegende Sepia zu erkennen.

Als „Elefantenzahn" werden die Überreste einer weiteren Klasse der Weichtiere, der Grab- oder Kahnfüßer *(Scaphopoda),* bezeichnet. Die Schale, ein schlankes, meist leicht gebogenes, sich nach hinten verjüngendes Rohr, steckt mit dem Grabfuß und den Fangfäden im Sediment. Das offene Hinterende ragt über die Sedimentoberfläche hinaus und versorgt den Scaphopoden mit Frischwasser. Mit den Fangfäden fangen sie im Sediment lebende Einzeller ein. Häufig findet man die Elefantenzähne angespült am Strand. Doch aufgepaßt, nicht immer ist es ein Grabfüßer. Auch Würmer bilden ähnliche Röhren aus, die schwer zu unterscheiden sind!

Eine Tonnenschnecke (Tonna galea)

Gelege von Purpurschnecken

Muschel- und Schneckenschalen

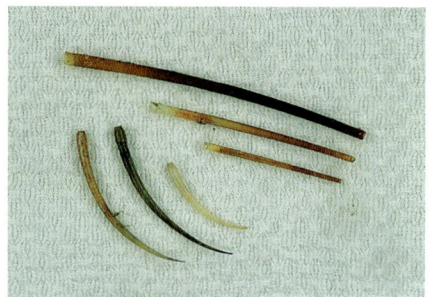

Wohnröhren von Würmern und Kahnfüßern

Igelwürmer *(Echiurida)*

Igelwürmer zeichnen sich im allgemeinen durch einen plumpen, sackförmigen, etwa essiggurkengroßen Körper aus, der ungegliedert ist. Am Vorderende befindet sich ein mehr oder weniger langer, halbröhrenförmiger und an der Unterseite offener Kopfanhang (Kopflappen, Rüssel), der nicht einziehbar ist. Allerdings ist dieser Kopflappen sehr dehnungsfähig. Im ausgestreckten Zustand kann er bis zu einem Meter Länge erreichen, kann aber auch bis auf Körperlänge verkürzt werden. Das Vorderende des Kopflappens kann gegabelt sein.

Igelwürmer kommen ausschließlich im Meer vor. Es sind etwa 150 Arten bekannt, die meist sessil sind. Ein sehr langsames Kriechen ist durch eine von vorn nach hinten verlaufende Kontrakti-on im Wechsel mit der Ausdehnung des Rumpfes möglich. Man findet Igelwürmer in allen Tiefen.

Die Igelwürmer sind getrenntgeschlechtlich. Die Eier und Samen werden meist frei ins Wasser abgegeben, und die Entwicklung verläuft über eine freischwimmende Larve. Zur Metamorphose wird ein Substrat aufgesucht. Das Geschlecht der Larve ist z. B. bei der Grünen Bonellia *(Bonellia viridis)* noch nicht festgelegt. Damit kann sich jede Larve sowohl zum Männchen als auch zum Weibchen entwickeln. Setzt sich nun die Larve auf einem Substrat (Meeresboden) fest, so entwickelt sich daraus ein Weibchen. Dieses wird dann nach zwei Jahren geschlechtsreif. Trifft die Larve auf den Kopflappen eines erwachsenen Weibchens, setzt sie sich darauf fest und wird binnen weniger Wochen zu einem

Junge Steckmuschel

Der völlig durchsichtige Muschelwächter

Zwei Kopflappen von Igelwürmern

Kopflappen eines Igelwurm-Weibchens

Zwergmännchen. Dieses wird dann am Rüssel entlang in das Weibchen gelangen und lebt dort in parasitärer Weise.

Gliederfüßer *(Arthropoda)*

Gemeinsam mit den Ringelwürmern bilden die Gliederfüßer die große Gruppe der Gliedertiere *(Articulata)*. Hierunter versteht man Tiere, deren Körper (innen und außen) segmentiert, also gegliedert ist. Bedingt durch diese Gliederung entsteht ein strickleiterähnliches Nervensystem. Allerdings kommt es bei den Gliederfüßern zu einer Verschmelzung von Segmenten, so daß teilweise die Segmentgrenzen nicht mehr oder nur schwer zu erkennen sind.
Die Außenhaut, die von den Segmenten abgeschieden wird, besteht aus Chitin

und muß von Zeit zu Zeit durch eine größere Außenschicht erneuert werden, die Tiere häuten sich. Zurück bleibt eine leere Hülle, das Häutungshemd (Exuvie). Namensgebend waren hier die gegliederten Extremitäten (Füße), die aus starren, durch Gelenkhäute beweglich miteinander verbundenen Teilabschnitten bestehen.
Mit weit über einer Million Arten sind die Gliederfüßer der größte Stamm im Tierreich. Den überwiegend größten Teil stellen aber die Insekten dar mit ihren ca. 900 000 Arten, die auf dem Land und im Süßwasser vorkommen. Ins marine Milieu sind sie nicht vorgedrungen.
Um in diese Artenvielfalt etwas Ordnung zu bekommen, unterscheidet man drei Großgruppen: die Scherentragenden *(Chelicerata)*, die Mandibelntragenden *(Mandibulata)* mit den Zweiantennentie-

81

Zwei Furchengarnelen in einer Halophila-Wiese

Kugelkrabbe (Ilia nucleus)

Eine Languste verbirgt sich in einer Felsspalte

Gut getarnte Seespinne (Maja sp.)

ren sowie die im Süßwasser und auf dem Land lebenden Antennentiere *(Antennata)*. Hierzu gehören auch die Insekten. Zu den erstgenannten gehören die Pfeilschwanzkrebse, deren Bezeichnung als „Krebs" hier irreführend ist, und die Spinnentiere mit den eigentlichen Spinnen, den Milben und Pseudoskorpionen sowie die Asselspinnen *(Pantopoda)*. Für das Mittelmeer sind hier nur die Asselspinnen von Interesse, die mit einer skurrilen Körperform mit überaus langen Beinen und zurückgebildetem Körper aufwarten.

Die *Mandibulata* besitzen kauende Mundwerkzeuge. Zu den Zweiantennentieren gehören die Krebse. Hier kommt es zu einer Verschmelzung einzelner Segmente, so daß immer mehr Rumpfsegmente dem Kopf angegliedert wer-

den. Wichtigste Gruppen innerhalb der Krebse sind die von einer zweiklappigen Schale umgebenen Muschelkrebse, die meist frei im Wasser lebenden Ruderfußkrebse, die Rankenfußkrebse (z. B. Seepocke) und die eigentlichen Höheren Krebse mit Flohkrebsen, Asseln und den Zehnfußkrebsen wie Langusten, Bärenkrebsen, Garnelen, Einsiedlerkrebsen und Krabben. Erwähnt seien hier noch die Leuchtkrebse, zu denen der Krill gehört. Er kommt in großen Schwärmen im offenen Meer vor und ist wichtiger Bestandteil der Nahrungskette.

Neptunsschleier (Reteporella couchi)

Die Trugkoralle ist ein Moostierchen (Myria truncata)

Nahaufnahme mit Tentakelkronen einer Moostierchenkolonie

Auschnitt aus einer Moostierchenkolonie

Moostierchen *(Bryozoa)*

Moostierchen kommen überwiegend im Meer vor. Durch Koloniebildung erfahren sie eine hohe Entwicklung und teilweise eine große Komplexität und Kompliziertheit. Moostierchenkolonien zeigen – ähnlich den Schwämmen – zahlreiche Wuchsformen in Abhängigkeit vom Substrat. So können sie z. B. Krusten oder Klumpen ausbilden. Sie besiedeln eine Reihe von Pflanzen sowie Steine und sogar Sandboden.

Bei der Betrachtung des Einzeltieres (Zooid) fällt die Erkennung der ursprünglichen Dreigliederung schwer. Auf den ersten Blick erkennt man meist nur das harte Gehäuse, und erst bei genauerem Hinsehen – durch eine Stereolupe etwa – erkennt man einen schlagenden Tentakelkranz (Name!). Durch diese Bewegungen der Tentakelkrone werden Nahrungspartikel herbeigestrudelt und in den Mund befördert. Im Bereich des Magens erfolgt die Verdauung. Die Atmung erfolgt über die Körperwand.

Die überwiegende Zahl der Bryozoen ist festsitzend und meist mit dem Substrat eng verwachsen. Teilweise wird Holz oder Stein als Substrat bohrend besiedelt. Nur wenige Arten besitzen eine geringe Beweglichkeit und sind zur Ortsveränderung befähigt. Ihr Hauptverbreitungsgebiet, sowohl im Meer als auch im Süßwasser, stellt die lichtdurchflutete Zone dar, also genau der Bereich, in dem wir uns beim Schnorcheln aufhalten.

Stachelhäuter
(*Echinodermata*)

Hierbei handelt es sich um rein marine Lebewesen, die in allen Meeren, von der Küste bis in die Tiefsee, vorkommen, meist jedoch im flachen Wasser zu beobachten sind. Tiere, die zu den Stachelhäutern gerechnet werden, weisen u. a. folgende typische Merkmale auf: Der Körper ist in fünf mehr oder weniger stark ausgeprägte Teile zu unterteilen (fünfstrahlige Symmetrie; Pentamerie), sie besitzen ein inneres Wassergefäßsystem und ein Innenskelett aus Kalziumkarbonat mit Stacheln (Name!). Von dem Wassergefäßsystem sind äußerlich die hydraulisch kontrollierten Füßchen zu sehen, die der Fortbewegung und dem Gasaustausch dienen. Wenn auch vom äußeren Erscheinungsbild die Fünfstrahligkeit nicht immer zu erkennen ist, so trifft dies immer für das Wassergefäßsystem zu. Bei den allermeisten Stachelhäutern besteht keine Bilateralsymmetrie, das heißt, es ist kein Vorder- und Hinterende zu erkennen. Im Gegensatz zu den erwachsenen Stachelhäutern ist die Larve der Stachelhäuter bilateral aufgebaut. Die Umwandlung geschieht während der Embryonalentwicklung durch einen tiefgreifenden Umbau.

Die fossilen Seelilien stellen die ursprünglichsten Formen dar. Die heutigen Haarsterne können ihre Verwandtschaft nicht leugnen. Als Larven bilden sie einen ähnlichen Stiel wie die Seelilien aus. Haarsterne besitzen nur einen kleinen Rumpf, aus dem fünf gegabelte und mehrfach verzweigte Tentakel (Arme) entspringen. Mit den Haftkrallen (Cirren) halten sich die Haarsterne an exponierten Stellen fest, um aus der Strömung Geschwebsel herauszufangen. Über eine Wimperrinne werden die Partikel dem

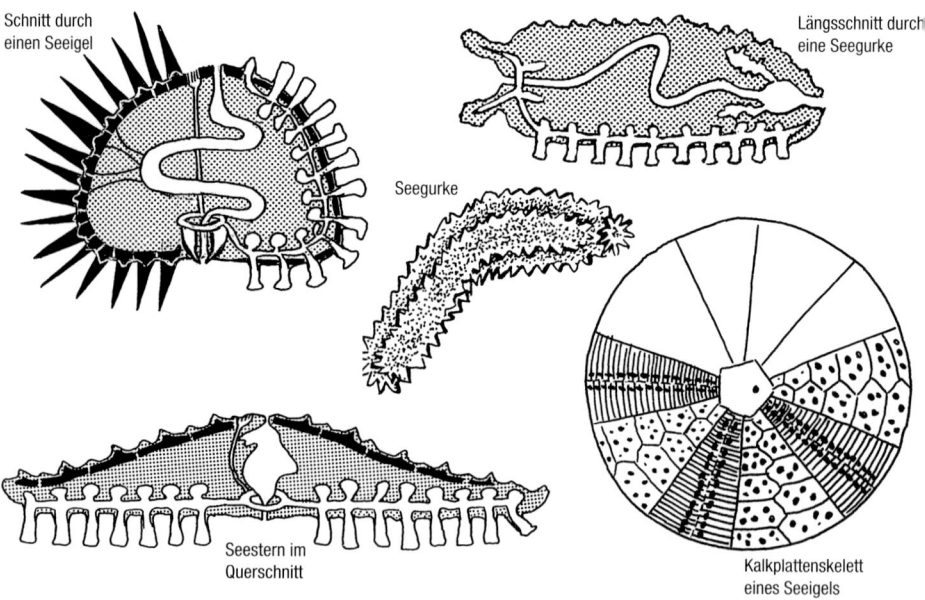

Schnitt durch einen Seeigel

Längsschnitt durch eine Seegurke

Seegurke

Seestern im Querschnitt

Kalkplattenskelett eines Seeigels

Grundbaupläne der Stachelhäuter

84

Mittelmeer-Haarstern (Antedon mediterranea) mit Haarsterngarnele

Die meisten Seesterne sind Pflanzenfresser.

Schlangensterne leben unter Steinen.

Seegurken gehören zu den Stachelhäutern

Mund zugeführt. Haarsterne sind zwar ortstreu, doch sie sind in der Lage, langsam schwimmend ihren Standort zu wechseln. Wer einen schwimmenden Haarstern beobachten kann, wird sich von den eleganten Ruderbewegungen der Arme überzeugen können.

Weitere vier Klassen gehören zu den Stachelhäutern, darunter die Seeigel und die Seesterne. Doch bevor wir uns diese genauer ansehen, noch kurz zu Vertretern, die bevorzugt im Schatten leben, nämlich unter Steinen. Dies sind die Schlangensterne, die nur einen kleinen scheibenförmigen Rumpf ausbilden, an dem, etwas ungelenkig wirkend, fünf Arme ansetzen. Beim Anfassen brechen die Arme schnell ab! An dieser Stelle sei der Hinweis erlaubt, daß es sich gehört, umgedrehte Steine wieder vorsichtig zurückzudrehen, um so die ursprüngliche Orientierung wieder herzustellen. Die Seesterne zeichnen sich durch massive Arme aus, die von einer Vielzahl von Ambulacralfüßchen besetzt sind und die den Seesternen teilweise eine erstaunliche Geschwindigkeit bei ihrer Beutesuche verleihen. Die meisten Seesterne sind Aasfresser und Räuber. Sie verfügen nicht über Mundwerkzeuge, und trotzdem zählen Muscheln zu ihren Lieblingsspeisen. Hierzu verschlingt der Seestern die Muschel entweder ganz, oder er öffnet die Schalen mit seinen Saugfüßchen. Der eigentliche Weichkörper wird dann verdaut, die übriggebliebenen Hartteile der Schale werden ausgewürgt. Häufig kann man solche Freßplätze an den zahlreichen, leeren Muschelschalen erkennen. Seeigel gehören zu den Tieren, mit denen viele Urlauber auf eine unangenehme Art und Weise bereits Bekannt-

Seeigel weidet

*Die Rote Seescheide
(Halocynthia Papillosa)*

Keulenseescheiden sind durchsichtig

schaft gemacht haben: Sie haben sich an den Stacheln verletzt. Hierbei handelt es sich um Formen, die mit kräftigen Stacheln bewehrt sind und ausnahmslos auf Hartböden vorkommen. Hier sind sie als Weidegänger unterwegs und raspeln Algen und anderen Bewuchs ab. Deutlich von jeglichem Bewuchs befreite Flächen zeugen von der Aktivität der Seeigel. Nehmen sie überhand, so wird an dieser Stelle schnell eine Unterwasserwüste aus einem sonst üppigen Bewuchs. Dabei hilft ihnen ein kräftiger Kauapparat, der als „Laterne des Aristoteles" bezeichnet wird.

Diese Seeigel sind durch eine mehr oder weniger rundliche Form gekennzeichnet (Regularia). Im Gegensatz dazu leben Vertreter der Irregularia als eher eiförmige Formen im Sand eingegraben. Ihr Körper ist durch ein Vorne und ein Hin-

ten gekennzeichnet, sie besitzen weiche Stacheln und ernähren sich eher von Detritus und Mikroorganismen. Über eine Art Kamin halten sie Verbindung zum Wasser über dem Sand, um so Frischwasser zu bekommen.

Manteltiere *(Tunicata)*

Durch eine freischwimmende Larvenform, die eine Chorda und ein Neuralrohr mit Gehirn besitzt, gehören sie zu den Chordatieren (Chordata), stehen also in einer engen Verwandtschaft zu uns Menschen.

Der Körper wird von einem Mantel (Tunica) umhüllt, der dieser Gruppe den Namen gab. Dieser besteht aus einer zelluloseähnlichen Substanz. Mit Fortsätzen des Mantels können sich die Tiere am

Boden festheften. Im Körperinnern liegen u. a. Muskel und Blutgefäße und alle weiteren Organe wie Magen, Darm und Herz. Durch den Besitz von Muskeln im Bindegewebe sind festsitzende Tunicaten zu Kontraktionen und Streckungen des Körpers befähigt. Den größten Teil des Tieres macht der mächtige Kiemendarm aus. In ihn gelangt über die große Einströmöffnung und den Mundbereich der Wasserstrom, mit dem Nahrung herangeführt wird. Vor dem Durchtritt durch die Kiemenspalten werden durch eine Schleimschicht Nahrungspartikel herausfiltriert und im Magen verdaut.

Bemerkenswert ist die von Zeit zu Zeit stattfindende Schlagumkehr des Herzens bei den Seescheiden *(Ascidien)*. Hier pumpt das Herz eine Zeitlang das Blut nach vorne, bleibt dann stehen, um dann eine Zeitlang in umgekehrter Richtung das Blut nach hinten zu verteilen. Verantwortlich hierfür sind wohl zwei Schrittmacherzentren, die auf unterschiedliche CO_2- bzw. O_2-Konzentrationen im Blut reagieren.

Die Tunicaten sind meist Zwitter, die ihre Keimzellen ins freie Wasser ausstoßen. Viele Seescheiden pflanzen sich ungeschlechtlich durch Knospung fort. Dies führt zur Bildung von Seescheidenkolonien. Der Mantel umgibt dann mehrere Einzeltiere, die um eine Einström-öffnung herum angeordnet sind und ein rosettenartiges Bild ergeben.

Meist handelt es sich bei den Manteltieren um sessile Tiere auf dem Meeresboden. Sie besiedeln vorwiegend Hartsubstrate, sind aber auch auf Pflanzen zu finden. Diese Art der Lebensweise führte zwangsweise zu einer Reihe von Anpassungen, wobei die Art des Nahrungserwerbes sehr beeindruckend ist. Tunicaten sind Suspensionsfresser (Plankton und Detritus) und erzeugen über Wimpern einen Wasserstrom, mit dem Nahrung herbeitransportiert wird. Auch freilebende Tunicaten ernähren sich von Plankton und Detritus. Beim Schnorcheln werden wir vor allem den kleineren Seescheidenkolonien auf Seegrasblättern begegnen, aber auch vereinzelt größeren Seescheiden, die in Spalten oder an den Schattenseiten von Steinen vorkommen.

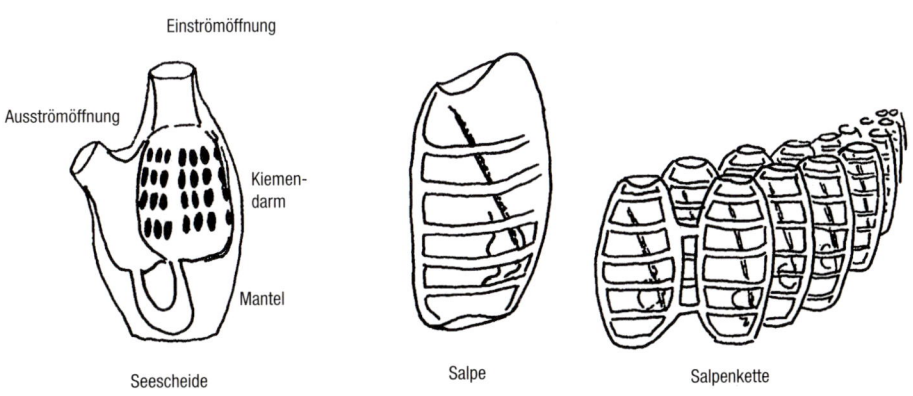

Grundbauplan der Manteltiere

Schriftbarsch (Serranus scripa)

Muräne (Muraena helena)

Weibchen des europäischen Papageifisches

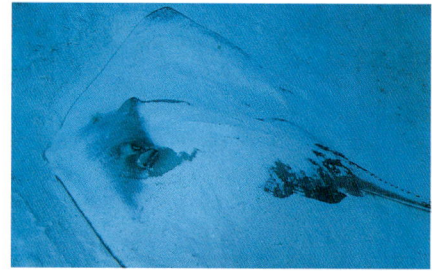

Stechrochen (Trygon pastinaca)

Fische *(Ichthyes)*

Fische lassen sich grob in Knorpel- und Knochenfische unterteilen. Zu den Knorpelfischen zählen die Rochen und die Haie. Eindeutiges Unterscheidungsmerkmal zwischen Haien und Rochen ist die Lage der Kiemenspalten. Bei den Haien befinden sich diese seitlich, bei den Rochen auf der Körperunterseite. Knorpelfische besitzen, wie ihr Name schon sagt, ein aus Knorpel aufgebautes Skelett. Ihre Haut ist mit unzähligen kleinen Hautzähnchen besetzt, die als Placoidschuppen bezeichnet werden. Der Begriff Hautzähnchen verdeutlicht, daß sie aus Zahnbein (Dentin) bestehen. In jüngster Zeit versucht man, die Erkenntnisse über die Bedeutung dieser Zähnchen in der Luftfahrt zu nutzen. Denn durch das Aufbringen einer künstlichen „Haihaut" läßt sich, durch den verringer-

ten Reibungswiderstand, einiges an Flugzeugkerosin sparen. Haie sind also in ihrer hydrodynamischen Form bzw. Oberflächenbeschaffenheit extrem gut angepaßt. Nicht umsonst sind sie eine der erfolgreichsten Gruppen unter den Fischen. Weiterhin zeichnen sich alle Knorpelfische durch eine innere Befruchtung aus. Hierzu sind bei den männlichen Knorpelfischen die hinteren Bauchflossen zu Begattungsorganen umgebildet. Es gibt sowohl eierlegende als auch lebendgebärende Arten.

Von den im Mittelmeer vorkommenden etwa 530 Fischarten gehören 50 Arten zu den Knorpelfischen, der Rest mit etwa 480 Arten zu den Knochenfischen.

Knochenfische – auch hier steht der Name für das Skelett – besitzen ein mehr oder weniger stark verknöchertes Stützskelett. Der Besitz von Schuppen ist ein weiteres charakteristisches Merkmal von

Meerjunker (Coris julis)

Fünffleckiger Lippfisch (Symphodus roissali)

Zweibindenbrasse (Diplodus vulgaris)

Meerbarbenkönig (Apogon imperbis)

Knochenfischen, auch wenn diese bei manchen Gruppen fehlen. Eine Schleimschicht über den Schuppen schützt die Fische vor Infektionen durch Bakterien und Pilze und setzt gleichzeitig den Reibungswiderstand herab. Zur Erkennung einzelner Arten ist häufig ein auffallendes Farb- und/oder Streifenmuster behilflich. Dieses kommt von Pigmentzellen, die unter der Haut liegen.

Ihre Schwimmblase nutzen Fische, um sich den Druckverhältnissen in unterschiedlicher Tiefe anzupassen. Für bodenlebende Fische, wie Sie sie häufig beim Schnorcheln sehen, ist diese Einrichtung unwichtig geworden und deshalb zurückgebildet. Andererseits bedeutet dies, daß sich Freiwasser bewohnende Fische ohne Schwimmblase ständig bewegen müssen, um sich in einer bestimmten Tiefe zu halten. Für ihre Fortbewegung besitzen die Knochenfische

üblicherweise Brust- und Bauchflossen – je ein Paar – und jeweils eine Rücken-, Schwanz und Afterflosse. Die Stellung der Flossen, deren Form und Größe, sowie die Form des Mauls sind wichtige Bestimmungskriterien zur Erkennung einzelner Arten, die auch dem Schnorchler von großem Nutzen sind. Die Farbe ist zur Bestimmung meist ungeeignet. Auch die Art und Weise, wie ein Fisch schwimmt, gibt gute Hinweise zu seiner Einordnung. So fallen die Lippfische und Papageienfische in ihrer Fortbewegung durch Zuhilfenahme der Brustflossen auf. Seepferdchen dagegen nutzen nur ihre Rückenflosse. Doch ein Seepferdchen erkennen wir auch so! Ein sehr wichtiges Organ bei den Fischen soll nicht unerwähnt bleiben, das Seitenlinienorgan. Hierbei handelt es sich um eine Art Ferntastsinn, der auf Druckunterschiede anspricht. Fische erkennen

Zur Eiablage kommen Schildkröten an ihre Heimatstrände zurück.

dadurch Hindernisse oder andere Störungen in ihrer Umgebung. Das Seitenlinienorgan garantiert zusammen mit den Augen das äußerst gute Orientierungsvermögen der Fische.

Reptilien *(Reptilia)*

Die Reptilien sind luftatmende Wirbeltiere, deren Haut von Schuppen oder teilweise von einem Panzer bedeckt ist. Von den vier Ordnungen der Reptilien kommen im Mittelmeer nur die Schildkröten *(Chelonia)* vor.

Alle Meeresschildkröten sind Hochseebewohner, nur zur Eiablage kommen die Tiere an Land. Dort legen sie ihre Eier in selbstgegrabenen Gruben sandiger und sonnendurchwärmter Strandgebiete ab. Sobald die Jungen schlüpfen, machen sich diese auf direktem Weg auf ins Meer. Daß sie als erwachsene Tiere zur Eiablage stets an den Strand ihrer Geburt

zurückkehren, ist nicht nur eine phänomenale Orientierungsleistung, sondern für einige Populationen leider auch eine fatale Eigenschaft. Dann nämlich, wenn, wie in Griechenland oder der Türkei, die Interessen der Schildkröten mit denen des Tourismus kollidieren. Neben der unechten Karettschildkröte kommt im Mittelmeer sehr viel seltener auch die echte Karettschildkröte sowie die Suppenschildkröte vor. Die größte Art, die man im Mittelmeer antreffen kann, ist die Lederschildkröte, die bis über zwei Meter lang und 500 Kilogramm schwer werden kann.

Meeressäuger *(Mammalia)*

An Säugetieren mit einer echten Beziehung zum Meer kommen nur zwei Ordnungen vor, zum einen die der Wale *(Cetacea)* und zum anderen die der wasserbewohnenden Raubtiere *(Pinnipedia)*. Letztere sind nur durch eine einzige Seehundart im Mittelmeer vertreten, die Mönchsrobbe. Diese akut vom Aussterben bedrohte Art ist nur noch an wenigen kurzen Küstenabschnitten zu finden.

Von den ca. 100 bekannten Walarten sind im Mittelmeer bisher 19 beschrieben worden, von denen viele wohl eher nur Gäste aus dem Atlantik sind denn typische Bewohner des Mittelmeers. Dabei sind die Zahnwale sehr viel häufiger als die Bartenwale. Die Chance, auch vom Ufer aus Delphine zu sehen, ist in vielen Gegenden des Mittelmeeres gar nicht so schlecht. Es lohnt sich durchaus, gerade in den Abendstunden, mit dem Fernglas nach den verdächtigen dunklen Rückenflossen zu fahnden.

Stellen Sie sich die „schönste Zeit des Jahres" vor: strahlend blauer Himmel bei herrlichem Sonnenschein, das Wasser spiegelglatt und tiefblau. Maske, Flossen und Schnorchel sowie eine Boje liegen bereit. Es kann losgehen! Vor Ihnen und Ihrer Begleitung liegt ein Schnorchelgang, der Sie in eine Bucht über Sand zu schön bewachsenen Felsen und zu einer kleinen „Geröllhalde" sowie zu einigen Seegrasflecken führen wird.

Leben auf und im Sand

Im flachen Wasser ist der Grund von küstenparallelen Rippeln gekennzeichnet, die durch die ankommenden und vom Strand zurücklaufenden Wellen erzeugt werden. Sie liegen langgestreckt auf dem Wasser. Zuerst sehen Sie nur die Schatten der Wellen auf dem Boden, doch plötzlich bewegt sich etwas. Oder doch nicht? Nach einer kurzen Eingewöhnungsphase erkennen Sie einzelne Strukturen, wie kleine Erhöhungen und… schon wieder wird etwas Sand aufgewirbelt. Jetzt haben Sie es erkannt: Ein kleiner Plattfisch „springt" quasi von Rippel zu Rippel, immer darauf bedacht, sich sofort wieder einzugraben, um nicht erkannt zu werden. Dies gelingt ihm auch ohne Eingraben problemlos. Seine Farbe ist optimal dem Sanduntergrund angepaßt. Doch für Sie ist es schon eine sehr wichtige Erkenntnis: Wer sich hier auf dem Sand fortbewegt, gibt sich zu erkennen. Und: Haben Sie einmal einen kleinen Plattfisch erkannt, dann sehen Sie plötzlich

viele weitere Artgenossen. Dies trifft auch auf weitere auf oder teilweise im Sand lebende Fische wie Petermännchen, Eidechsenfisch oder den Himmelsgucker zu. Ähnlich den Plattfischen bewegen sich auch die noch kleineren Laierfische auf dem Sand fort, doch sind sie nur für eine sehr kurze Strecke unterwegs.

Die Form des Sandbodens ändert sich etwas, Sie erkennen kleine Erhebungen. Es erinnert Sie an ein Feld mit unzähligen Maulwurfshügeln. Hier haben Sie es zwar nicht mit Maulwürfen zu tun, doch durch die Ähnlichkeit seiner Grabbauten hat der kleine Krebs, der diese Hügellandschaft unter Wasser verursacht, seinen deutschen Namen: Maulwurfkrebs. Zu Recht, wie Sie sehen. Bei näherem Hinsehen erkennen Sie an manchen Hügeln ein kleines Loch auf dem „Gipfel" und – mit etwas Glück – können Sie sogar beobachten, wie kleine „Sandwolken" herausgeschleudert werden. Dies zeigt, daß in diesem Bau ein Maulwurfkrebs bei der Arbeit ist und sein Gangsystem reinigt und gleichzeitig mit frischem Wasser versorgt.

Den Blick in die Ferne gerichtet, sehen Sie einen hellgefärbten schmalen Fisch, der sich, während Sie näherschwimmen, etwas verkrümmt und so auf einer bestimmten Stelle stehenbleibt. An der steilen Stirn und einem seitlichen Fleck haben Sie ihn jetzt auch erkannt: ein Sandtaucher oder Schermesserfisch. Sie nähern sich langsam, und ehe Sie ihn so richtig fixiert haben, taucht er in den Sand ein. Weg ist er! Sie verharren über der Eintauchstelle, doch vergebens. Er taucht hier nicht wieder auf. Sandtaucher sind in der Lage, auch im Sand eine gewisse Strecke zurückzulegen. Somit entzieht sich das Auftauchen unserem Blick. Doch es wird nicht langweilig hier auf

Seeigelschale

Plattwurm

Grundel

Plattfisch

Anemone mit Seegurke

erkuleskeule

Seepferdchen

Eidechsenfisch

Zylinderrose

ctopus

dem Sand. Längst verfolgen wir einen Einsiedlerkrebs, der sich etwas unbeholfen über den Sand schleppt. Man sieht ihm regelrecht die Schwere seines Schneckenhauses an, das er mit sich herumträgt. Doch der Mühe Lohn ist ein perfekter Schutz vor den großen Freßfeinden. Schlagartig ziehen sich die Einsiedlerkrebse ins Gehäuse zurück, warten ab, bis die Gefahr vorüber ist, und ziehen dann weiter auf ihrem Weg zur Nahrungssuche.

Leben unter Steinen

Inzwischen sind Sie an einem kleinen Geröllfeld angekommen. Große und kleine Steine liegen hier quasi in Armlänge unter Ihnen. Vorsichtig drehen Sie den ersten Stein um: Kleine Seeigel, eine kleine Kletterseegurke und kräftig gefärbte Kalkrotalgen fallen Ihnen sofort ins Auge. Die kleinen Seeigel zeigen Ihnen, Sie sollten vorsichtig sein, beim Drehen der Steine. Allzuleicht passiert es, daß man in einen Seeigel greift! Derart vorgewarnt, erfassen Sie den nächsten Stein, drehen ihn langsam um und sind angetan von all dem Leben im Verborgenen. Besonders auffällig ist der Schlangenstern, der sich „schlängelnd" aufmacht, sich sofort unter dem nächsten Stein zu verkriechen. Fragile „Seitenarme" verbieten es, ihn davon abzuhalten. Zu leicht brechen diese ab. Sie lassen ihn ziehen und legen den Stein genauso vorsichtig, wie Sie ihn gehoben haben, in seine Ausgangslage zurück.

Am Felsen festgeklebt

Über das kleine Geröllfeld schnorcheln Sie weiter zu einer etwa drei Meter senkrecht im Wasser stehenden Felswand. Hier finden Sie jede Menge an Algen und sessilen Tieren: Große grüne Meerbälle, filigrane, orangegefärbte Moostierchenkolonien, die Meerkette, die Pfennigalge – ja, unüberschaubar wird die Zahl der Algen bei näherem Hinsehen. Doch gerade dabei fallen Ihnen wieder neue Arten auf: bäumchenartige Hydrozoenstöckchen zum Beispiel. Hiervon wissen Sie, daß sie zu den Nesseltieren gehören, und deshalb halten Sie, auch wenn sie noch so klein sind, Abstand. Oder Sie entdecken zwischen den Algen dünne farbige Überzüge. Hier haben Sie es mit Schwämmen zu tun, vielleicht sogar mit Bohrschwämmen. Diese sind in der Lage, den Felsen anzubohren und sich darin festzusetzen. Daran können Sie erkennen, wie hart der Konkurrenzkampf um die Besiedlungsfläche ist und daß auch extreme Lebensräume erobert werden. In Spalten und auf kleinen Vorsprüngen entdecken Sie Schnecken, die bekannten Einsiedlerkrebse und Seesterne. Nicht alle Seesterne fallen sofort durch ihre leuchtend rote Farbe auf. Hier haben Sie es mit einem eher unscheinbaren, aber dafür um so gefräßigeren Vertreter zu tun: dem Eisseestern, einem großer Räuber unter den Seesternen. Das Ablösen vom Fels kostet nicht nur Kraft, und unter Umständen können Sie sich sogar an den spitzen Stacheln verletzen, sondern den Seestern auch jede Menge seiner Haftfüßchen. Durch das extreme Festhalten reißen Sie ihm quasi die Beine aus. Lassen Sie ihn also ungestört in der Felsspalte zurück und schnorcheln weiter zu einer kleinen vorgelagerten Felsblockgruppe, die zum Teil aus dem Wasser hervorschaut und unten im Sandgrund endet. Schräg abfallende Flächen ermöglichen es Ihnen, die vielen kleinen „Felsrutscher" unter den Fischen zu beobachten.

Schleimfische auf den Felsen

Nur noch an wenigen Stellen im Mittelmeer ist es möglich, Großfische zu beobachten; meist auch nur für den Gerätetaucher, nicht für den Schnorchler. Zu viele Fische werden dem Meer entnommen, übrig bleiben die kleinen auf den Felsen und zwischen Algen und Pflanzen, die uninteressant für den Fang sind und zudem noch sehr schnell ein Versteck finden.

Zu diesen gehören die Schleimfische. Sie haben keine Schuppen (Name!) und keine Schwimmblase, sind daher lausige Schwimmer und rutschen mehr oder weniger auf den Felsen umher. Aber dies geschieht äußerst flink. Sie ernähren sich von Algen und kleinen Wirbellosen (wie Krebschen, Schnecken, Muscheln, Schlangensterne, Würmer...). Vielfach haben Sie nun schon gesehen, daß es wichtig ist, geeignete Maßnahmen gegen Freßfeinde zu haben, um ein Überleben zu garantieren. Die Schleimfische nutzen vielfältige Versteckmöglichkeiten: Spalten, Löcher im Fels, gerne auch leere Kalkröhren von Wurmschnecken und Röhrenwürmern oder einfach unter einem Algenbüschel. Oft schauen sie aufmerksam beobachtend aus einer ehemaligen Wohnröhre eines Kalkwurms heraus. Hierbei fällt auf, daß sie häufig noch die gleiche Farbe besitzen wie die Röhre. Besser kann der Schutz nicht sein!

So werden Sie meist den Gelbwangen-Schleimfisch oder auch den Gestreiften Schleimfisch erleben können. Größere Arten wie etwa Geweih-Schleimfisch sind an seinen auffälligen bäumchenförmigen Augententakeln zu erkennen. Diese Arten trauen sich auch häufiger aus ihren Verstecken.

Besonders auffällig gefärbt sind die den Schleimfischen nah verwandten Dreiflossigen Schleimfische *(Tripterygiidae)*, die allerdings trotz des irreführenden Namens sehr wohl Schuppen haben. Doch wie können Sie diese Arten unterscheiden? Die Rückenflosse genau anschauen! Während diese bei den echten Schleimfischen eine lange, durchgehende Flosse ist, haben die Dreiflossigen Schleimfische eine dreigeteilte Rückenflosse. Bei den Farben wird es schon schwieriger, denn nur zur Laichzeit im Frühjahr und Sommer sind die Männchen der drei Arten gut voneinander zu unterscheiden, während dies bei den Weibchen und nicht laichreifen Männchen unter Wasser nicht möglich ist: Sie sind unauffällig bräunlich marmoriert. Die auffälligen Männchen vom Zwergspitzkopf-Schleimfisch haben z. B. einen schwarzen Kopf, der übrige Körper ist rot gefärbt. Der Gelbe Spitzkopf-Schleimfisch ist leuchtend gelb gefärbt, sein Kopf ebenfalls schwarz. Beinahe hätten Sie sie übersehen: Voll bewachsen mit Algen, Hydrozoenstöckchen und manchmal gar Moostierchenkolonien erkennen Sie ein Prachtexemplar der Mikrokosmos-Seescheide. Nicht umsonst trägt sie diesen Namen, stellt ihr üppiger Bewuchs doch eine eigene Welt im kleinen dar. Dies ist allerdings die Ausnahme bei den Seescheiden.

Amphibischer Schleimfisch

Spitzkopf-Schleimfisch

Gestreifter Schleimfisch

Geweihschleimfisch

Gespensterkrabbe in einer Anemone

Meerpfau

Mönchsfisch

Schleimfisch

Grasgrundel

Kalkröhrenwurm

Rotmundgrundel

Im Seegras

Ihr Schnorchelgang führt Sie zu einem weiteren typischen Lebensraum im Mittelmeer, der Seegraswiese. Hier haben Sie zwar nur ein paar kleine Flecken vor sich, doch für einen ersten Einblick zwischen das Seegras und auf die Blätter reicht es allemal.

Sofort fallen die fast weißen Spitzen des Seegrases auf, über und über sind sie bewachsen. Dabei handelt es sich um Moostierchenkolonien, Algen, Hydrozoenstöckchen und vieles mehr. Während des Sommers bleibt genug Zeit, hier festzuwachsen und die günstige Exposition im Wasser auszunutzen.

Auch Freßspuren fallen Ihnen an den Blättern auf. Aber nur wenige Tiere ernähren sich direkt von Seegras. Hierzu zählen die Goldstriemen, die immer in kleinen Gruppen durch die „Wiesen" ziehen. Leicht zu erkennen sind sie an den seitlichen Längsstreifen.

Langsam schnorcheln Sie über die Seegraswiese, wenn möglich immer so, daß Sie keine Schatten vor sich auf den Meeresboden werfen, denn dies würde viele Tiere in die Flucht jagen. Die leichte Dünung wiegt die Blätter hin und her. Aufgepaßt: Manchem Schnorchler wurde dabei schon ein bißchen übel. Abhilfe schafft hier die Fixierung eines festen Punktes auf dem Grund.

Dieses Wiegen der Blätter in der Dünung gibt Ihnen aber die Gelegenheit, genauer in die Seegraswiese zu schauen. Seeigel, Schwämme und vereinzelt Steckmuscheln werden Sie finden. Häufig sind es gerade junge Steckmuscheln, die Ihnen auffallen, leicht zu erkennen an den kleinen Fortsätzen der Schalen. Leider sind Steckmuscheln sehr selten geworden. Deshalb sollten Sie Ihre Flossen sehr vorsichtig in der Nähe von Steckmu-

scheln einsetzen, gerade dann, wenn Sie sich mal aufrichten und sich mit dem oder den Partnern unterhalten wollen! Einen solchen „Rastplatz" sollten Sie wirklich mit Umsicht auswählen! Auch Vertreter der Manteltiere treffen Sie hier am Grunde der Seegraswiese: die prächtig gefärbte Rote Seescheide. Ganz im Gegensatz zur Mikrokosmos-Seescheide ist sie nie bewachsen und fällt sofort auf.

Über Seegras fallen die Ihnen eher aus tropischen Korallenriffen bekannten Putzstationen der Putzlippfische auf. Hier im Mittelmeer vollbringt der „Mittelmeer-Putzer" diese Dienstleistung. Der zur Laichzeit leuchtend blaue, ansonsten bräunliche kleine Fisch mit der stets schwarzen Schwanzflosse befreit seine geduldig wartenden Kunden von Parasiten. Diese dienen dem kleinen Putzer als Nahrung. Die anderen Fische zeigen ihm ihren Putzwunsch durch eine besondere Körperhaltung an, sie stellen sich mit dem Kopf schräg nach oben ins Wasser. Noch eine Besonderheit zeichnet diese Dienstleistung aus: Der Putzer genießt durch eine „Maulsperre" einen besonderen Schutz und kann deshalb frei im Maul herumschwimmen.

Damit sind wir auch schon bei einer Fischfamilie angekommen, die Ihnen ständig begegnet, die Lippfische. Charakteristisch für sie ist ihre spezielle Schwimmweise vorwiegend mit Hilfe der Brustflossen. Viele Verhaltensweisen der Lippfische sind sehr interessant und auch für Schnorchler leicht und gut zu beobachten, so etwa der Nestbau der Grauen Lippfische *(Symphodus cinereus)*. Die erwachsenen Männchen bauen aus Algenresten, Sand, Muschelschalen u. ä. Nester, die sie heftig verteidigen und in die sie die Weibchen zum Ablaichen locken. Das Gelege wird von ihnen anschließend bis zum Schlüpfen der Jungen bewacht und mit Frischwasser befächelt, um eine genügende Versorgung mit Sauerstoff zu gewährleisten. In das Laichgeschäft greifen häufig die sogenannten Beimännchen ein, junge Männchen, die von der Färbung her für den Revierbesitzer (Prachtmännchen) nicht von Weibchen zu unterscheiden sind und auch nicht angegriffen und vertrieben werden. So kann es vorkommen, daß ein Beimännchen mit einem Weibchen in das Nest ablaicht, während der Boß mit der Vertreibung anderer Prachtmännchen beschäftigt ist. Schadenfreude ist nicht angebracht, denn im nächsten Jahr ist das junge Männchen selbst Prachtmännchen und hat den Streß mit Nestbau, Verteidigung usw.

Auffallend – weil einfach überall – sind die Meerjunker (*Coris julis*) und die Meerpfauen (*Thalassoma pavo*). Sie bauen zwar keine Nester, doch sind sie ständig auf der Suche nach Nahrung und fallen durch ihre intensive Färbung sofort ins Auge.

Sie schnorcheln über den Sand wieder zurück zum Strand. Auf Sandgrund, noch ganz in der Nähe der kleinen Seegrasflecken, beobachten Sie ein paar Grundeln, die Ihnen wohl auf dem Hinweg nicht aufgefallen sind. Doch jetzt, nachdem Sie diese Arten einmal entdeckt haben, sehen Sie sie überall. Besonders häufig ist die Anemonengrundel; einfach zu erkennen am roten Maul, die Rotmaulgrundel. Allerdings besitzt gerade die Rotmaulgrundel eine große Fluchtdistanz und läßt sich nur aus einer, für die Grundel wirklich sicheren Entfernung beobachten.

Bevor Sie in den flachen Bereich der Bucht und damit zum Ende Ihres Schnorchelausfluges kommen, richten Sie Ihren Blick nochmals ins freie Wasser. Verspielt schwimmen die Mönchsfische im Schwarm umher, schnappen nach „Planktonhäppchen" und ziehen nur langsam weiter, wenn Sie näherkommen.

Schnorcheln bei Nacht

Natürlich wird es sofort Fragen geben, was denn Schnorcheln bei Nacht soll? Doch unsere langjährige Erfahrung mit Nachtschnorcheln auf zahlreichen Exkursionen zeigte, daß wir dabei immer etwas Besonderes erleben und beobachten konnten. Zugegeben, ein etwas eigenartiges Gefühl beschleicht einen bei einem solchen Unternehmen schon. Doch mit den entsprechenden Lampen, einer Boje und einer Strandwache mit starker Lichtquelle, die den Heimweg garantiert, wird es zum unvergeßlichen Erlebnis. Im Lichtkegel der Lampen erschließt sich Ihnen zwar nur ein Bruchteil der nächtlichen Unterwasserwelt, vieles bleibt deshalb auch verborgen, doch um so einfacher erkennen Sie die silbrig reflektierenden Fische, die Nachtjäger und vieles mehr. So könnte ein großer Meeraal *(Conger conger)* zwischen den Felsspalten auftauchen, Drachenköpfe sind nachts sehr auffallend, oder Sie begegnen einem großen Roten Einsiedler *(Dardanus calidus)*, der ungeschickt über die Felsen stolpert. Auf seinem Schneckenhaus sitzen mehrere große Schmarotzerrosen *(Calliactis parasitica)*. Der Name Schmarotzerrose ist eigentlich nicht korrekt, denn diese Anemonen fallen nicht über den Einsiedler her und schmarotzen an ihm, im Gegenteil: Der Krebs holt sich diese Nesseltiere absichtlich auf sein Häuschen! Er nimmt sie sogar mit, wenn er wächst und sich ein neues, größeres Haus suchen muß. Er wechselt erst das Haus, dann zwickt er die Anemonen mit seinen Sche-

Hornhechte

Ringelbrasse

Knurrhahn

Schlangenstern

Krabbe

Meerjunker

Seriola

Goldstrieme

Grundel

Sägebarsch

ümmler

Zackenbarsch

Mönchsfische

Sicherheitstips
beim Nachtschnorcheln

- Nur bei ruhiger und klarer See nachts schnorcheln.
- Nur bei festem und klar erkennbarem Ausgangspunkt nachts schnorcheln.
- Denken Sie daran, daß schon wenige Meter vom Ufer entfernt selbst starke Lichter zu schwindend kleinen Lichtpunkten werden.
- Immer mit Sicherungsboje schnorcheln.
- Eine Strandwache oder Bootswache muß Ihren Schnorchelgang vom sicheren Standort überwachen.
- Jede/r TeilnehmerIn muß eine eigene Lampe mitführen.
- Von Stellnetzen und anderen Fischereigeräten fernbleiben.
- Ohne Sonnenschein kühlt man sehr schnell aus und friert, also Schutzanzug oder den Schnorchelgang auf nur 10 bis 20 Minuten ansetzen.
- Niemals die anderen Teilnehmer an- oder ins Gesicht leuchten, da das Auge sonst für längere Zeit geblendet ist.
- Bei starken Gezeitenunterschieden Ebbe- und Flutzeiten beachten.
- Bei Gruppen immer zusammen bleiben und die abgesprochene Gruppenformation beibehalten.
- Von Höhlen und engwerdenden Durchbrüchen fernbleiben.

ren in den Rand der Fußscheibe. Sobald sie losgelassen haben, setzt er sie auf sein neues Schneckenhaus. Dieses Zusammenleben ist wirklich für beide Seiten von Vorteil: Der Krebs genießt durch das Nesselgift der Anemonen Schutz vor Feinden, die Anemonen hingegen sind – obwohl festsitzend – durch ihren laufenden Untersatz beweglich. Dadurch erschließen sich ihnen neue Nahrungsquellen, außerdem fällt bei den Mahlzeiten der Einsiedlerkrebse sicherlich einiges für sie mit ab! Es sieht aus, als habe sich der Krebs mit seinen fünf „Haustierchen" übernommen, aber im Wasser ist das alles gut austariert: Er ist trotzdem erstaunlich flink und beweglich.

Doch nicht nur der Rote Einsiedler ist einen Nachtschnorchelgang wert, vieles gibt es zu entdecken. Sie müssen sich nur ins Wasser wagen, um so einen Sandaal im Mittelmeer zu sehen oder Sepien oder große Meerspinnen…

Bleibt noch der Hinweis, mit starken Lampen den Tieren, besonders den Fischen, nicht direkt in die Augen zu leuchten! Aber als Schnorchler fällt es Ihnen ohnehin leichter, das Schauspiel treibend von der Wasseroberfläche aus zu betrachten, als jedesmal abzutauchen. Dadurch ergibt sich der Abstand von ganz allein...

Fische erkennen beim Schnorcheln

(Text und Grafik Seite 104/105 von Isabel Koch)

Ob nun über Sandgrund, Seegras oder Felsgrund – beim Schnorcheln sind stets jede Menge Fische zu sehen. Manche lassen sich gut aus der Nähe betrachten, andere halten großen Sicherheitsabstand. Ein exaktes Bestimmen bis zur Art ist da oft nicht möglich, ein Zuordnen in die entsprechende Familie, eventuell sogar bis zur Gattung ist aber nicht so schwierig. Die 15 häufigsten Familien sind hier als Umrißzeichnung eines typischen Vertreters im bevorzugten Habitat dargestellt.

Im freien Wasser begegnen wir überall dem einzigen Riffbarsch im Mittelmeer, dem dunkelbraunen Mönchsfisch *(Chromis chromis,* 1). Meist dicht unter der Wasseroberfläche schwimmen kleine Gruppen silbrig glänzender Fische, mittelgroß, mit stumpfen, flachen Köpfen. Das sind Meeräschen (2), Allesfresser, die sich auch im Hafen oder im Brackwasser aufhalten. Hochrückige, silbrige Fische mit unterschiedlich angeordneten schwarzen Querstreifen, die einzeln oder in Schwärmen stets in größerem Abstand vom Schnorchler schwimmen, sind Brassen (3).

Über und im Seegras finden sich die vor allem im Frühjahr lebhaft gefärbten Lippfische (4). Die dicken Lippen sind ihr Markenzeichen. Die Laxierfische (5) schimmern blau-silbern und sind durch einen schwarzen Fleck auf den Seiten zu erkennen.

Von den Bewohnern des Sandbodens sieht der Schnorchler oft nur ein paar Augen. Gehört zu den Augen ein schlanker, hellbrauner Fisch mit hellblauen Streifen auf den Seiten, so handelt es sich um ein Petermännchen (6). Vorsicht, giftig! Ist der Körperumriß des dazugehörigen Fisches hingegen rundlich oder länglich und vor allem der Körperbau platt, dann haben Sie einen Vertreter der Plattfische, z. B. einen Butt (7) vor sich. Den Sand nach Nahrung zu durchwühlen, das ist charakteristisch für Knurrhähne (8) und Meerbarben (9). Die Knurrhähne benutzen dazu die ersten Strahlen ihrer Brustflossen, die Meerbarben hingegen zwei Barteln.

Zwischen den Felsen muß man manchmal schon genauer hinschauen, um z. B. den gutgetarnten Drachenkopf (10) überhaupt zu entdecken.

Drei Arten sind häufig, zwei im felsigen Bereich, eine im Seegras. Vorsicht, giftig! In schattigen Bereichen fällt ein kleiner, lebhaft rotgefärbter Fisch mit großen Augen auf. Es ist der Meerbarbenkönig *(Apogon imberbis,* 11), der einzige Maulbrüter im Mittelmeer. Direkt auf den Felsen gibt es eine Vielzahl von Fischen, die förmlich am Untergrund kleben, über den Fels rutschen und eigentlich nie richtig schwimmen. Wenn diese Tiere noch Schuppen haben und zudem drei Rückenflossen, dann gehören sie zur Gattung *Tripterygion* (12), die im Mittelmeer mit drei gut unterscheidbaren Arten vertreten ist. Sind aber keine Schuppen da, nur eine Rückenflosse, und steckt das Tier womöglich noch zur Hälfte in einem Loch, so handelt es sich um einen Schleimfisch (13). Viele Arten besitzen zudem Tentakel über den Augen, die (angeblich) die Unterscheidung der Arten erleichtern. Auf Fels (oder Sand) leben auch die Grundeln (14), sehr unauffällig graubraun gefärbte Fische. Ihr Bestimmungsmerkmal sind die zweigeteilte Rückenflosse und die zu einer Art Schei-

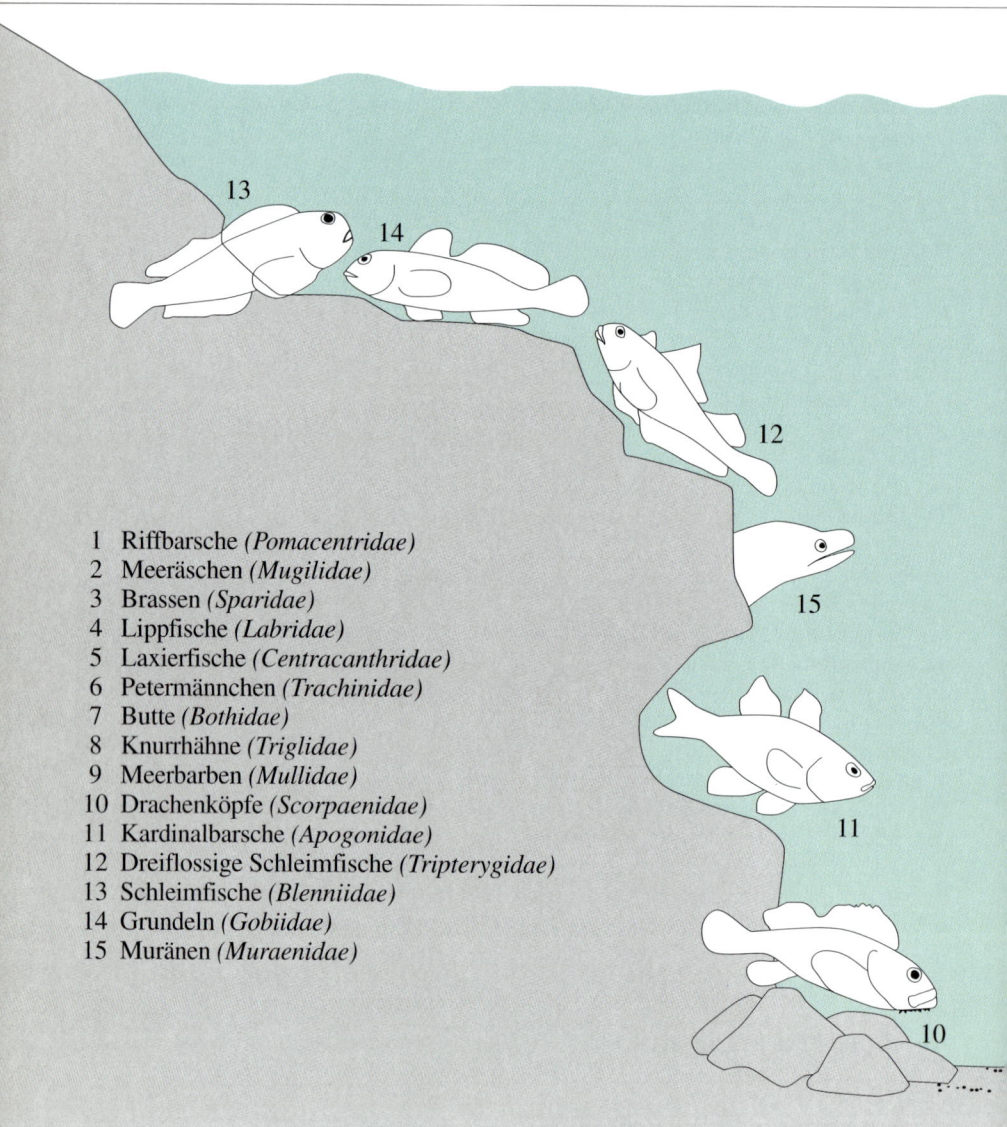

1 Riffbarsche *(Pomacentridae)*
2 Meeräschen *(Mugilidae)*
3 Brassen *(Sparidae)*
4 Lippfische *(Labridae)*
5 Laxierfische *(Centracanthridae)*
6 Petermännchen *(Trachinidae)*
7 Butte *(Bothidae)*
8 Knurrhähne *(Triglidae)*
9 Meerbarben *(Mullidae)*
10 Drachenköpfe *(Scorpaenidae)*
11 Kardinalbarsche *(Apogonidae)*
12 Dreiflossige Schleimfische *(Tripterygidae)*
13 Schleimfische *(Blenniidae)*
14 Grundeln *(Gobiidae)*
15 Muränen *(Muraenidae)*

be verwachsene Bauchflossen. Unver-
wechselbar, aber in ihren Verstecken oft
schwer zu entdecken, sind die Muränen
(15). Meist handelt es sich dabei um *Muraena helena*.

Soviel zum Erkennen der häufigsten
Fischfamilien. Natürlich gibt es auch
beim Schnorcheln viel mehr Fische zu
sehen, die man leicht näher bestimmen
kann. Wir wollten Ihnen hier nur die

wichtigsten Artengruppen vorstellen, denen Sie als Anfänger begegnen. Wenn Sie sich besser einarbeiten wollen, empfehlen wir Ihnen Unterwasserbestimmungstafeln und Unterwasserführer.

Eine solch abgeschlossene Wassermasse, wie es das europäische Mittelmeer darstellt, hat unweigerlich seine großen wie kleinen Probleme.

Einzigartiges Klima

Für sein einzigartiges Klima ist der Mittelmeerraum weltberühmt, und Touristen kommen zu Millionen deswegen hierher zum Urlaub. Lange, trockenheiße Sommer und warme, feuchte Winter kennzeichnen den Mittelmeerraum. Diese bei uns sehr beliebte Sonnenflut hat auch eine Schattenseite. Sie führt zu einer negativen Wasserbilanz. Dies bedeutet, es verdunstet wesentlich mehr Wasser, als über Niederschläge und durch den Eintrag von Flüssen dem Mittelmeer zugeführt wird. Doch irgendwie muß diese Verdunstung ausgeglichen werden! Woher kommt das Wasser dafür? Zu einem geringen Teil fließt Wasser über den Suezkanal in das Mittelmeer ein, doch dieser Anteil kann mengenmäßig vernachlässigt werden. Bezüglich seiner Fracht allerdings nicht, wie wir schon gesehen haben. Ein weiterer Ausgleich geschieht über den Zu- und Abfluß in bzw. aus dem Schwarzen Meer. Wichtigster Ausgleich jedoch ist der ständige Zustrom von Atlantikwasser durch die Straße von Gibraltar. Hier strömt salzarmes (leichtes) Wasser an der Oberfläche in das westliche Becken ein und breitet sich unter Zunahme seiner Temperatur und seines Salzgehaltes bis ins östliche Mittelmeer aus. Das kalte und damit schwerere Tiefenwasser verläßt unter dem einströmenden Atlantikwasser als stark mit Nährstoffen angereichertes Wasser das Mittelmeer über die Schwelle von Gibraltar. Dort im Atlantik mischt es sich bei etwa 1000 Meter in tiefere Schichten ein und läßt sich als solches noch weit nördlich an den europäischen Küsten nachweisen. Die Mengen, die sich über die Schwelle von Gibraltar hinwegschieben, sind unvorstellbar: 1,5 Millionen Kubikmeter in der Sekunde werden genannt. Dies entspricht der über tausendfachen Menge der Niagarafälle.

Nur so kann ein ständiges Ansteigen des Salzgehaltes und ein Austrocknen des Mittelmeeres verhindert werden. Ohne diese Kompensation des Wasserverlustes würde nach neueren Berechnungen das Mittelmeer in etwa 2000 Jahren austrocknen.

Nährstoffe

Das durch diesen Wasserkreislauf bedingte Klima lockt, wie bereits erwähnt, Jahr für Jahr Millionen von Touristen an. Mit dem Touristenstrom kommen aber auch eine Menge an Umweltproblemen in die Mittelmeerländer, wie die hohe Belastung durch den Autoverkehr, die Müllprobleme und die Probleme mit der Entsorgung von Abwässern. Gerade letztgenanntes Problem wird auch heute noch durch einfaches Einleiten der Abwässer in einen Fluß oder direkt ins Meer gelöst. Ergebnis in beiden Fällen ist ein erhöhtes Nährstoffangebot. Betrachtet man das Mittelmeer im gesamten, so wird es als nährstoffarmes Meer bezeichnet. Lokal kann es aber, wie zum Beispiel in der Adria oder an Küstenabschnitten der Toskana, zu erheblichen Nährstoffeinträgen kommen, was wiederum zu einem üppigen Wachstum führt. Die Algenplage der Adria in den 80er Jahren ist sicherlich noch in guter Erinnerung. Neben dem unästhetischen Anblick waren es besonders die beim Abbau der Algenmassen entstandenen scheußlichen Gerüche, die den Touristen nicht „schmeckten". Kläranlagen sind hier die einzig mögliche Abhilfe. Doch bis zu einem ausreichenden Netz an funktionierenden Kläranlagen ist es ein weiter Weg.

Was bedeutet dies für den Schnorchler? Ganz klar, bei diesen riesigen Algenteppichen wird keiner auf die Idee kommen, zum Schnorcheln aufzubrechen. Doch wie sieht es vorher aus? Kann der Schnorchler eine beginnende Algenblüte und deren Auswirkungen erkennen?

Für den Schnorchler zeigt sich bereits lange, bevor die Algen sich zu geschlossenen Algenmatten auf der Oberfläche finden, ein gespenstisches Bild unter Wasser: Fädige Algen hängen über den Grün- und Braunalgen, decken sie zu. Sie überziehen ganze Felsblöcke und lassen außer einer grüngrauen Masse nichts mehr erkennen. Starke Strömungen helfen hier teilweise, die festsitzenden Organismen wieder freizuspülen. Doch damit ist nur ein kosmetischer Effekt erreicht. Das eigentliche Problem ist nicht gelöst. Auch stark getrübte Sichtverhältnisse beim Schnorcheln können auf eine beginnende Algenblüte hinweisen. Man wähnt sich in einem Schneesturm, lauter kleine Fussel um einen herum. Wie zutreffend dieser Eindruck ist, zeigt der englische Fachausdruck für dieses Phänomen: „marine snow".

Nun suchten in den letzten Jahren immer mehr Touristen das Mittelmeer im Urlaub auf, um hier Ruhe, Erholung und Entspannung im und am Meer zu finden. Daß es nicht zu weiteren großflächigen Algenblüten kam, liegt wesentlich an der zuvor beschriebenen Wasserzirkulation im Mittelmeer, die ja einen Großteil des nährstoffreichen Wassers aus dem östlichen und dem westlichen Becken über die Straße von Gibraltar in den Atlantik treibt und damit für ein nährstoffarmes Meer sorgt. Allerdings sind die Entsorgungskapazitäten des Wasserstromes aus dem Mittelmeer sicherlich auch endlich. Wir als Touristen sollten dies nicht überbeanspruchen!

Eng verbunden mit dem gewaltigen Touristenaufkommen ist eine mangelhafte Müllentsorgung. Vieles wird einfach über das Meer entsorgt. Sicherlich werden wir es als Schnorchler gar nicht so schlimm empfinden. Doch sollten wir uns bewußt sein, daß wir meistens von einem Badestrand aus ins Wasser gehen, der täglich (!) gereinigt wird. Hier finden wir keinerlei Müll im Spülsaum. Selbst Seegrasschnipsel werden weggeräumt. Hier ist alles weggefegt, ganz im Sinne einer schwäbischen Kehrwoche. Doch beim Blick in einsame Buchten werden wir erschrecken und es für unfaßbar halten: Plastikmüll in allen Formen und Farben wie leere Öl- und Wasserflaschen, Styroporabfall, Zigarettenstummel, Slipeinlagen und unzähliges mehr. Manchmal, scheinbar rein zufällig, ist auch Treibholz zu finden. Doch der neuzeitliche Zivilisationsmüll ist erdrückend! Hier kann jeder von uns zur Verringerung beitragen: Nehmen wir doch unsere Sonnenmilchflaschen wieder mit nach Hause. Kaufen wir doch unser Mineralwasser in Glasflaschen! Beim Schnorcheln werden wir es durchaus positiv vermerken!

Unterwasserjagd und Fischerei

Doch fehlt nicht generell etwas beim Schnorcheln im Mittelmeer? Wo sind denn die größeren Exemplare von Fischen und anderem Meeresgetier? Zu verbreitet ist noch die Unterwasserjagd mit Harpune. Gerade in den westlichen Mittelmeerländern ist es nach wie vor ein weitverbreiteter Sport der Männer, durch das erfolgreiche Harpunieren ihr Können unter Beweis zu stellen. Nichts bleibt mehr übrig, die küstennahen Lebensräume werden leergejagt, Octopus und Fisch sind dabei die beliebtesten Zielobjekte. Doch nicht nur durch den Einsatz der Harpune kommt es zu merklichen Einbrüchen der Bestände. Auch die Sammelleidenschaft für die heimische Küche hat in manchen Gegenden zu starkem Rückgang einzelner Arten, wie zum Beispiel der Napfschnecken in Südfrankreich, geführt.

Leider bleibt dieser Raubbau nicht auf die küstennahen Bereiche beschränkt. Auf dem freien Meer tobt der Kampf der immer größer werdenden Fangnetze. Geführt über Satellitenbilder, steuern ganze Fangflotten die Fischgründe der großen Schwärme von Thunfisch an. Zurück bleibt ein leeres, ein totes Meer. Denn nicht nur die gewünschten Thunfische werden gefangen, sondern jede Menge anderer Tiere bis hin zu Delphinen. Genutzt werden aber nur die Thunfische, der als Beifang bezeichnete Rest fliegt meist tot wieder über Bord ins Meer. Ein trauriger Anblick!

Erinnern Sie sich noch an die Aussage, das Mittelmeer sei ein nährstoffarmes Meer. Hier wird es zum Verhängnis. Die Produktion kann mit der Entnahme durch die Fangflotten nicht Schritt halten. Der Fischbestand verarmt aufgrund der andauernden Überfischung! Arten sterben aus!

Neuzugänge

Ein gänzlich anderes Problem stellen die Neuzugänge von Arten dar, die zum Beispiel über den Suezkanal einwandern oder über andere Verbreitungswege ihren neuen Lebensraum im Mittelmeer finden.

Mit dem Bau des Suezkanals wurde eine künstliche Verbindung zwischen zwei großen marinen Verbreitungsräumen, dem Indopazifik und dem Mittelmeer, geschaffen. Dies ermöglichte den Einmarsch von Tieren und Pflanzen aus dem Roten Meer ins Mittelmeer und umgekehrt. Dieser Vorgang ist keineswegs abgeschlossen. Immer noch dringen neue Arten in für sie neue Lebensräume vor. Bekannte Beispiele sind das Kleine Seegras, die Bauchkeilfische und die Kaninchenfische, die Sie alle beim Schnorcheln bereits in geringer Tiefe beobachten können. Allerdings bleiben sie auf das östliche Becken beschränkt, obwohl auch Hochseefische unter den Einwanderern sind. Auch eine sehr auffällige Seegurkenart findet sich hier, genauso wie die Soldatenfische, die sich zwischenzeitlich heimisch fühlen und fortpflanzungsfähige Populationen ausbilden. Spekulationen zufolge sollen es bereits auch erste Steinkorallenarten aus dem Roten Meer ins Mittelmeer geschafft haben. Korallenriffe im östlichen Mittelmeer – nur eine Frage der Zeit?

Nach neuesten Untersuchungen sind es über 500 Arten, die sich als Neubürger entweder im Roten Meer oder im Mittelmeer niedergelassen haben. Nach dem Erbauer des Suezkanals, Ferdinand de

Eingeschleppt: Caulerpa taxifolia

Einheimisch: Caulerpa prolifera

Lesseps (1805 – 1894), werden diese Organismen als Lesseps'sche Einwanderer bezeichnet.

Wie kann man sich diesen Austausch vorstellen? Treibende Kraft ist zum einen die Strömung durch den Kanal, die einzelne Arten mitreißt. Im Falle der Fische jedoch finden die Einwanderer ihren neuen Platz aktiv schwimmend. Nicht zu unterschätzen ist der Transport als „blinder Passagier" an Schiffsrümpfen, auf den Ankern oder im Ballastwasser. Gerade festsitzende Arten erreichen über ihre Larven- bzw. Jugendstadien auf diese Art und Weise neue Verbreitungsgebiete.

Betrachten wir uns den Suezkanal näher, so wird klar, daß diese Neubesiedlung nicht schlagartig erfolgte. Zwei Hindernisse auf diesem Austauschweg mußten ausgeräumt werden: die sehr salzhaltigen Bitterseen. Mit bis zu 8,0 % Salzgehalt stellten sie auch noch wenige Jahre nach der Suezkanaleröffnung ein unüberwindbares Hindernis dar. Mit der Zeit allerdings kam es zu einem Ausgleich, und heute liegt der Salzgehalt bei ca. 4,0 %. Dieser stellt kein Hindernis mehr für die Tiere und Pflanzen dar. Bei geeigneten Bedingungen und gutem Nahrungsangebot steht somit einer Populationsentwicklung im neuen Gebiet nichts mehr im Wege. Welche Auswirkungen diese Neubesiedler haben, hierzu gibt es eigentlich nur Spekulationen. Die Frage nach den Korallenriffen vor den Küsten der Türkei mag dies belegen.

Eine Schlauchalge als Bedrohung?

Derartige Spekulationen hört man auch im Zusammenhang mit der sich im Mittelmeer ausbreitenden Schlauchalge *Caulerpa taxifolia*. Häufig wird sie aufgrund ihres Ausbreitungstempos und ihrer Fähigkeit, Seegraswiesen zu überwachsen, auch als Killeralge bezeichnet.

Im Jahre 1984 wurde die Alge zum erstenmal vor Monaco entdeckt. Bald darauf verdichteten sich die Gerüchte, daß sich *Caulerpa taxifolia* über das Aquarium des Ozeanographischen Museums von Monaco ihren Weg ins Mittelmeer gebahnt hatte. Oder genauer gesagt, bei Reinigungsarbeiten, gepaart mit Unachtsamkeit, wurde die Alge einfach ins Mittelmeer gespült. Nach Monaco war sie übrigens aus dem Aquarium der Stuttgarter Wilhelma gekommen. Dort hatte sich die formschöne und leuchtend grüne Alge als „Zierpflanze" in den Becken bewährt. Ihre wahre Heimat liegt in den warmen Gebieten des tropischen Pazifiks. Insofern galt sie als harmlos und wurde als nicht im Mittelmeer überlebensfähig eingestuft. Doch wie die neuesten Befunde zeigen, kam es anders. Ende 1996 bedeckte *Caulerpa taxifolia* eine Fläche von über 3000 Hektar; Ende 1989 waren es gerade mal zwei gewesen. Hauptverbreitungsgebiet ist die Côte d'Azur und die italienische Riviera zwischen Toulon und Alassio, ein etwa 300 Kilometer langer Küstenabschnitt. Aber auch vor Spanien, vor Elba und an der kroatischen Küste wurde sie beobachtet. Als Ausbreitungsweg muß der Mensch unter Zuhilfenahme der Schiffsanker angesehen werden. Nur so kann die Überbrückung dieser weiten Entfernungen, wie zum Beispiel nach Kroatien, erklärt werden.

Doch worin liegt die eigentliche Bedrohung? Wie die Ausbreitung an der französischen Küste zeigt, kommt die Schlauchalge bestens mit den Bedingungen im Mittelmeer zurecht. Und nicht nur das! Bedingt durch giftige Inhaltsstoffe (Caulerpene), die als Freßschutz dienen, wird *Caulerpa* von allen heimischen Tieren gemieden. Natürliche Feinde für die Schlauchalge gibt es im Mittelmeer nicht! Sie kann sich sozusagen völlig ungestört ausbreiten. Nur das Ausreißen bleibt als Bekämpfungsmaßnahme übrig, doch bei der gewaltigen Ausdehnung, die *Caulerpa* bereits erreicht hat, ein wohl aussichtsloses Unternehmen. Derzeitige Überlegungen in Reihen der französischen Wissenschaft zielen auf eine Bekämpfung der *Caulerpa* mittels Schnecken als Freßfeinde, die man aus den Tropen kennt. Diese sollen Temperaturen unter 14 °C, wie sie im Winter im Mittelmeer herrschen, nicht überleben. Davon ging man aber doch auch bei *Caulerpa taxifolia* aus!

Für den Schnorchler sieht diese Killeralge ganz und gar nicht gefährlich aus. Im Gegenteil! Durch ihr auffallendes Grün, ihre gefiederten „Blättchen", bringt sie Form und Farbe in die eine oder andere Bucht. Doch sei an dieser Stelle darauf hingewiesen, daß nach dem Schnorcheln peinlichst genau darauf geachtet werden muß, daß keine *Caulerpa*, auch nicht noch so winzige Teile, in andere Buchten verschleppt werden. Also, gründliche Kontrolle der Ausrüstung ist angesagt! Bleibt noch zu erwähnen, daß es im Mittelmeer auch eine hier heimische *Caulerpa*-Art gibt, die *Caulerpa prolifera*. Ihre Phylloide – die „Blätter" der Algen – sind ungefiedert, und meist bilden sie in flachen Bereichen keine dichten Bestände aus. Sie sind zwischen anderen Algen eingestreut. Sie lassen sich also durch die Form des „Blattes" leicht unterscheiden. Neue Vorkommen von *Caulerpa taxifolia* sollten den örtlichen Behörden gemeldet werden.

Delius Klasing
EDITION NAGLSCHMID

Die azurblauen Tiefen des Mittelmeers entdecken und erleben

...können Taucher und Meeresfans noch mit vielen weiteren Büchern der Edition Naglschmid:

Die **Tauchreiseführer** geben einen Überblick über die jeweilige Region und touristische Attraktionen. Beschrieben werden Unterwasserflora und -fauna, gute und beste Tauchplätze, Tachbasen und Ausrüstung.

FRANZ BRÜMMER/ISABEL KOCH
Tauchreiseführer Giglio
128 Seiten, 95 Farbfotos, 9 Zeichn., kart.
ISBN 3-89594-035-6

MARGOT UND FRANZ EBERSOLDT
Tauchreiseführer Hyères
128 Seiten, 51 Farbfotos, 36 Abbildungen, kart.
ISBN 3-927913-24-3

FRANZ BRÜMMER/WERNER BAUMEISTER
Tauchreiseführer Korsika
104 Seiten, 70 Farbfotos, 20 Abbildungen, kart.
ISBN 3-927913-23-5

ARND RÖDIGER
Tauchreiseführer Malta
mit Gozo und Comino
80 Seiten, 28 Farbfotos, 22 Abbildungen, kart.
ISBN 3-927913-75-8

HEINZ KÄSINGER
Tauchreiseführer Sardinien
96 Seiten, 52 Farbfotos, 22 Abbildungen, kart.
ISBN 3-925342-58-3

Die Reihe **Unterwasserführer** zeigt das Leben in Meeren und Seen. Jeder Band enthält über 150 postkartengroße Biotopaufnahmen. Diese Bestimmungsbücher sind für Laien ebenso geeignet wie als Nachschlagewerke für Experten. Deutsch/englische Texte geben alle wichtigen Informationen. Zur Mittelmeer-Region sind bisher erschienen:

HORST MOOSLEITNER/ROBERT PATZNER
Unterwasserführer Mittelmeer – Fische
160 Seiten, 163 Farbfotos, 10 Abbildungen, kart.
ISBN 3-89594-001-1

HORST MOOSLEITNER/ROBERT PATZNER
Unterwasserführer Mittelmeer – Niedere Tiere
216 Seiten, 215 Farbfotos, 30 Abbildungen, kart.
ISBN 3-89594-000-3

Auch in der Praxisreihe **Erlebte Unterwasserwelt** ist ein Band zur großen Artenvielfalt des Mittelmeeres erschienen, der auch die unterschiedlichen Lebensräume und Tauchreviere beschreibt:

STEVEN WEINBERG
Mittelmeer
Erlebte Unterwasserwelt
352 Seiten, 407 farbige und 5 S/W-Abbildungen, 20 Zeichn., flexibel gebunden
ISBN 3-7688-0968-4

Viele andere Bücher beschäftigen sich neben diesen noch mit dem Tauchen. Verlangen Sie unser ausführliches Verzeichnis über den Buch- oder Fachhandel oder direkt vom Verlag, Postfach 10 16 71, 33516 Bielefeld.